A Teoria Crítica

Coleção **PASSO-A-PASSO**

CIÊNCIAS SOCIAIS PASSO-A-PASSO
Direção: Celso Castro

FILOSOFIA PASSO-A-PASSO
Direção: Denis L. Rosenfield

PSICANÁLISE PASSO-A-PASSO
Direção: Marco Antonio Coutinho Jorge

Ver lista de títulos no final do volume

Marcos Nobre

A Teoria Crítica

3ª reimpressão

ZAHAR

Copyright desta edição © 2004:
Jorge Zahar Editor Ltda.
rua Marquês de S. Vicente 99 – 1º
22451-041 Rio de Janeiro, RJ
tel (21) 2529-4750 | fax (21) 2529-4787
editora@zahar.com.br
www.zahar.com.br

Grafia atualizada respeitando o novo
Acordo Ortográfico da Língua Portuguesa

3ª reimpressão: 2014

Composição eletrônica: TopTextos Edições Gráficas Ltda.
Capa: Sérgio Campante

CIP-Brasil. Catalogação na fonte
Sindicato Nacional dos Editores de Livros, RJ

Nobre, Marcos, 1965-
N671t A teoria crítica / Marcos Nobre. – 1.ed. – Rio de Janeiro: Zahar, 2004.
(Filosofia passo-a-passo; 47)

Inclui bibliografia
ISBN 978-85-7110-802-8

1. Teoria crítica. 2. Sociologia – Filosofia. I. Título. II. Série.

CDD: 142
04-6497 CDU: 165.8

Sumário

Introdução

Quando se diz que alguém tem uma "teoria" sobre determinado tema ou assunto, pretende-se com isso, na maioria das vezes, dizer que esse alguém tem uma hipótese ou um conjunto de argumentos adequados para *explicar* ou *compreender* um determinado fenômeno ou uma determinada conexão de fenômenos. Nesse sentido, a "teoria", ao pretender explicar ou compreender uma conexão de acontecimentos, tem como intuito mostrar "como as coisas são". Em se tratando de uma teoria *científica*, a explicação deve ser capaz também de *prever* eventos futuros, ou então de compreender os eventos no mundo de tal maneira a produzir também *prognósticos* a partir das conexões significativas encontradas. E uma teoria é confirmada ou refutada conforme as previsões e os prognósticos se mostrem corretos ou incorretos.

Esse sentido de teoria se contrapõe habitualmente à "prática". Em um primeiro sentido dessa contraposição, como o que se pode encontrar, por exemplo, no dizer corrente "a teoria na prática é outra" e em outras expressões semelhantes, a prática seria uma *aplicação* da teoria e mostraria que há uma distância entre dizer "como as coisas são" e utilizar essa elaboração para manipular objetos e eventos no mundo. Além de indicar que essa distância tem de ser superada para que se possa "colocar em prática" a teoria.

Em um outro sentido, entretanto, a "teoria" se contrapõe à "prática" segundo a ideia de que há uma diferença qualitativa entre "como as coisas são" e "como as coisas deveriam ser". Neste segundo sentido, a prática não é aplicação da teoria, mas um conjunto de *ideais* que orientam a ação, de princípios segundo os quais se deve agir para moldar a própria vida e o mundo. Na tradição de pensamento do idealismo alemão, por exemplo, inaugurada por Immanuel Kant (1724-1804), esse segundo sentido de "prática" é o mais elevado, aquele que é objeto da "filosofia prática", que abrange disciplinas como a moral, a ética, a política e o direito.

Nesse sentido, entretanto, a distância e a diferença entre "o que é" e "o que deve ser", entre a teoria e a prática, não deve ser superada (o verbo "dever" já indicando aqui que se trata de uma prescrição *prática*), sob pena de se destruir seja a teoria, seja a própria prática. Teoria e prática têm *lógicas* diferentes, e que não devem se confundir. Em outras palavras, se fazemos teoria para demonstrar como as coisas devem ser, não conseguimos mostrar como de fato são; se dizemos que as coisas devem ser como de fato são, eliminamos a possibilidade de que possam ser outra coisa que não o que são. Com isso, estabelece-se um fosso entre a teoria e a prática que não pode ser transposto senão ao preço de eliminar do horizonte da reflexão a lógica própria de uma das duas dimensões fundamentais da vida humana: o "conhecer" e o "agir".

Nesse contexto, que significado pode ter a expressão "Teoria *Crítica*"? Se se trata de teoria, de "como as coisas são", como seria possível criticar esse estado de coisas no contexto da própria teoria? A crítica, nesse caso, não seria exatamente atributo da prática, da perspectiva de "como as coisas deveriam ser"? E incluir a crítica na teoria não significaria, portanto, abdicar da tarefa de apresentar "as coisas como são", não significaria abandonar o conhecer em prol do agir simplesmente? E agir sem conhecer não irá resultar em uma ação cega, que não leva em conta "como as coisas são"?

A Teoria Crítica enfrentou esses questionamentos por meio de uma crítica à distinção entre teoria e prática assim formulada. E isso sem abdicar seja da ideia de conhecer "as coisas como são", seja de agir segundo "como as coisas deveriam ser". A Teoria Crítica não se bate nem por uma ação cega (sem levar em conta o conhecimento) nem por um conhecimento vazio (que ignora que as coisas poderiam ser de outro modo), mas questiona o sentido de "teoria" e de "prática" e a própria distinção entre esses dois momentos. Caberá à ideia mesma de "crítica" o papel de realizar essa tarefa.

Há certamente muitos sentidos de "crítica", na própria tradição da Teoria Crítica. Mas o sentido fundamental é o de que não é possível mostrar "como as coisas são" *senão* a partir da perspectiva de "como deveriam ser": "crítica" significa, antes de mais nada, dizer o que é em vista do que *ainda* não é mas *pode* ser. Note-se, portanto, que não se trata de um ponto de vista utópico, no sentido de irrealizável ou inalcançável, mas de enxergar no mundo real as suas potencialidades melhores, de compreender o que é tendo em vista o melhor que ele traz embutido em si. Nesse primeiro sentido, o ponto de vista crítico é aquele que vê o que existe da perspectiva do novo que ainda não nasceu, mas que se encontra em germe no próprio existente.

Note-se, ainda, que não se trata tampouco de abdicar de conhecer, de dizer "como as coisas são", nem de abdicar da tarefa teórica de produzir prognósticos. Ocorre que, do ponto de vista crítico, aquele que separa rigidamente "como as coisas são" de "como devem ser" só consegue dizer como elas são *parcialmente*, porque não é capaz de ver que "as coisas como devem ser" é também uma parte de como as coisas são; porque não consegue enxergar na realidade presente aqueles elementos que *impedem* a realização plena de todas as suas potencialidades. Eis o segundo sentido fundamental da crítica: um ponto de vista capaz de apontar e analisar os obstáculos a serem superados para que as potencialidades melhores presentes no existente possam se realizar.

Do ponto de vista crítico, portanto, a análise do existente a partir da realização do novo — que se insinua no existente, mas ainda não é — permite a apresentação de "como as coisas são" enquanto obstáculos à realização das suas potencialidades melhores: apresenta o existente do ponto de vista das oportunidades de *emancipação* relativamente à dominação vigente. A tarefa primeira da Teoria

Crítica é, portanto, a de apresentar "as coisas como são" sob a forma de *tendências* presentes no desenvolvimento histórico. E o delineamento de tais tendências só se torna possível a partir da própria perspectiva da emancipação, da realização de uma sociedade livre e justa, de modo que "tendência" significa, então, apresentar, a cada vez, em cada momento histórico, os arranjos concretos tanto dos potenciais emancipatórios quanto dos obstáculos à emancipação.

Vê-se já que a Teoria Crítica tem sempre como uma de suas mais importantes tarefas a produção de um determinado *diagnóstico* do tempo presente, baseado em tendências estruturais do modelo de organização social vigente, bem como em situações históricas concretas, em que se mostram tanto as oportunidades e potencialidades para a emancipação quanto os obstáculos reais a ela. Com isso, tem-se um diagnóstico do tempo presente que permite então, também, produção de prognósticos sobre o rumo do desenvolvimento histórico. Esses prognósticos, por sua vez, apontam não apenas para a natureza dos obstáculos a serem superados e seu provável desenvolvimento no tempo, mas para *ações* capazes de superá-los.

Sendo assim, a *teoria* crítica não pode se confirmar senão na *prática* transformadora das relações sociais vigentes. As ações a serem empreendidas para a superação dos obstáculos à emancipação constituem-se em um momento da própria teoria. Nesse sentido, o curso histórico dos acontecimentos — como resultado das ações empreendidas contra a estrutura de dominação vigente — dá a medida para a confirmação ou refutação dos prognósticos da teoria. Note-se, entretanto, que a prática não significa aqui uma mera aplicação da teoria, mas envolve *embates* e *conflitos* que se costuma caracterizar como "políticos" ou "sociais". A prática é um momento da teoria, e os resultados das ações empreendidas a partir de prognósticos teóricos tornam-se, por sua vez, um novo material a ser elaborado pela teoria, que é, assim, também um momento necessário da prática.

O esquema apresentado até aqui, com as ideias de crítica, emancipação, tendências, diagnóstico do tempo e prognósticos, com sua relação tão peculiar entre teoria e prática, é o esquema que será retomado em cada momento desta exposição a partir de agora. De modo que, apesar de ainda muito abstrata, essa primeira caracterização da Teoria Crítica deverá servir já para delimitar melhor o objeto deste livro: a "*ideia*" de Teoria Crítica. Mas essa ideia vem ligada a uma determinada tradição de pensamento, a um campo teórico que congrega diferentes autores, razão pela qual é necessário começar por uma apresentação histórica dessa tradição intelectual.

Teoria Crítica e Escola de Frankfurt

A Teoria Crítica. Essa expressão, tal como é conhecida hoje, surgiu pela primeira vez como conceito em um texto de Max Horkheimer (1895-1973) de nome "Teoria Tradicional e Teoria Crítica", de 1937. Esse texto foi publicado na *Zeitschrift für Sozialforschung* [Revista de Pesquisa Social], que foi editada de 1932 até 1942 pelo próprio Horkheimer. Essa revista era a publicação oficial do Institut für Sozialforschung [Instituto de Pesquisa Social], fundado em 1923 na cidade alemã de Frankfurt am Main, e que foi presidido pelo mesmo Horkheimer de 1930 a 1958.

A explicação sobre a origem da expressão "Teoria Crítica" já traz consigo uma grande quantidade de dados e elementos a serem analisados. Vê-se, por exemplo, que a Teoria Crítica está ligada a um Instituto, a uma revista, a um pensador que estava no centro de ambos (Horkheimer) e a um período histórico marcado pelo nazismo (1933-45), pelo stalinismo (1924-53) e pela Segunda Guerra Mundial (1939-45). A partir de agora, esses elementos históricos decisivos aparecerão neste livro à medida que for necessário caracterizar a Teoria Crítica em cada um dos seus momentos.

O Instituto de Pesquisa Social nasceu da iniciativa do economista e cientista social Felix Weil (1898-1975), apoiado decisivamente pelo também economista Friedrich Pollock (1894-1970) e por Horkheimer. A doação inicial que permitiu a criação do Instituto veio do pai de Weil, um rico cerealista estabelecido na Argentina no final do século XIX. Não obstante isso, o objetivo principal do Instituto era o de promover, em âmbito universitário, investigações científicas a partir da obra de Karl Marx (1818-1883). Vê-se já que a Teoria Crítica, desde o início, tem por referência o marxismo e seu método — o modelo da "crítica da economia política" (é justamente esse o subtítulo da obra máxima de Marx, *O Capital*).

Nesse contexto, é preciso lembrar que o marxismo, à exceção da então União Soviética, era então marginalizado na universidade em todo o mundo, contando apenas com alguns poucos professores. Por isso, o projeto de Weil, Pollock e Horkheimer, então bastante jovens, teria de contar, para ser aprovado, tanto com uma negociação com o Ministério da Educação alemão quanto com um acordo com a Universidade de Frankfurt (fundada em 1914), de modo a assegurar que o diretor do Instituto tivesse também uma cadeira como professor. Além disso, era necessário encontrar um nome já estabelecido na esfera universitária para dirigir o Instituto.

O primeiro indicado foi o economista e sociólogo Kurt Albert Gerlach (1886-1922), que entretanto faleceu antes que fosse expedida a autorização oficial para o funcionamento do Instituto. A partir de 1924, a direção coube ao historiador Carl Grünberg (1861-1940). Ele já editava a importante publicação *Archiv für die Geschichte des Sozialismus und der Arbeiterbewegung* [Arquivo para a história do socialismo e do movimento operário], que se tornou então a publicação oficial do Instituto. Assim, a história do socialismo e o movimento operário passaram a ser o objeto principal de pesquisa do próprio Instituto, que se tornou rapidamente um dos mais importantes arquivos para pesquisa sobre esses temas.

Em 1928, Grünberg ficou impossibilitado de prosseguir em suas funções de professor e de diretor do Instituto devido a um acidente vascular cerebral. Depois de gestões e negociações com relação aos dois postos, Horkheimer passou a acumular essas duas funções, a partir de 1930. Com isso, uma nova etapa da vida do Instituto se iniciou — aquela que irá dizer respeito mais propriamente à Teoria Crítica.

Horkheimer traçou todo um novo programa de investigação e de funcionamento do Instituto. Lançou as bases de um trabalho coletivo interdisciplinar, uma grande inovação para a época. Tratava-se de dar um sentido positivo ao aprofundamento da especialização no âmbito das ciências humanas, em que disciplinas como a economia, o direito, a ciência política e a psicologia ganhavam cada vez mais autonomia e independência. Isto foi feito de modo a, de um lado, valorizar a especialização em seus aspectos positivos, e, de outro, garantir uma certa unidade para os resultados das pesquisas em cada um desses ramos do conhecimento. E essa unidade era dada justamente pela referência à obra de Marx, razão pela qual essa experiência inovadora ficou conhecida como "materialismo interdisciplinar". Esse foi, portanto, o primeiro sentido da Teoria Crítica tal como teorizada por Horkheimer nesse período: pesquisadores de diferentes especialidades trabalhando em regime interdisciplinar e tendo como referência comum a tradição marxista. E, para espelhar a produção dessas pesquisas, Horkheimer fundou uma nova publicação, a já mencionada *Zeitschrift für Sozialforschung*.

Para que se tenha uma ideia da amplitude desse projeto, basta citar alguns dos nomes envolvidos: em economia, além de Friedrich Pollock, Henryk Grossmann (1881-1950) e Arkadij Gurland (1904-1979); em ciência política e direito, Franz Neumann (1900-1954) e Otto Kirchheimer (1905-

1965); na crítica da cultura, Theodor W. Adorno (1903-1969) — que viria posteriormente a ser o grande parceiro de Horkheimer na produção em filosofia —, Leo Löwenthal (1900-1993) e, alguns anos mais tarde, Walter Benjamin (1892-1940); em filosofia, além de Horkheimer, também Herbert Marcuse (1898-1978); e em psicologia e psicanálise, Erich Fromm (1900-1980).

A Escola de Frankfurt. A simples menção dos nomes citados anteriomente — alguns bem mais conhecidos do que outros — já pode provocar a pergunta: mas esse conjunto de autores não é o que se costuma agrupar sob o nome de Escola de Frankfurt? De fato, foi (e ainda é em alguns círculos) muito comum referir-se a esse coletivo como Escola de Frankfurt. Mas há uma série de problemas nessa denominação. Em primeiro lugar, a ideia de "escola" passa a impressão de que se trata de um conjunto de autores que partilhavam integralmente uma doutrina comum, o que não é o caso. Ter a obra de Marx como referência, como horizonte comum, não significa partilhar dos mesmos diagnósticos e das mesmas opiniões. Pelo contrário, o desenvolvimento da Teoria Crítica mostra que havia acirradas divergências entre os colaboradores do Instituto, não só porque a própria obra de Marx se presta a interpretações divergentes, mas também pelo fato de que as maneiras de se utilizar de Marx para compreender o tempo presente são diversas.

Em segundo lugar, há o problema de saber quais autores devem ser incluídos ou excluídos desse conjunto. Também não há critério que tenha se demonstrado eficaz, já que há grande divergência de diagnósticos entre os colaboradores mencionados, para não falar daqueles que não foram aqui lembrados. Se for tomada a colaboração na Revista do Instituto como critério, tem-se já o problema, por exemplo, de incluir nessa classificação autores que não têm como horizonte de seus trabalhos a obra de Marx. Talvez o critério mais razoável fosse o do pertencimento ao Instituto. Mas, se esse critério pode ser aplicável nos primeiros anos da década de 1930, ele se torna posteriormente de difícil verificação, já que as sucessivas mudanças de sede do Instituto durante o exílio imposto pelo nazismo alteram bastante a sua composição, o que também ocorreu no período posterior a 1950, quando o Instituto volta a funcionar em solo alemão.

Sendo assim, o que significa então essa poderosa etiqueta "Escola de Frankfurt" e qual sua relação com a Teoria Crítica? Para compreender isso, é necessário retomar a história do Instituto e a experiência histórica do nazismo. Antes de mais nada, é preciso lembrar que, ao lançar as bases do materialismo interdisciplinar, em seu discurso de posse na direção do Instituto, em 1931, Horkheimer já tinha diante de si a vertiginosa ascensão do movimento nazista. Nesse contexto, é desnecessário lembrar os riscos que corria um Instituto declaradamente marxista e composto em sua grande maioria por pesquisadores de origem judaica. E o temor diante da real possibilidade da tomada do poder por Adolf Hitler fez com que o Instituto inaugurasse, naquele mesmo ano, um escritório em Genebra, na Suíça, e transferisse o seu capital para a Holanda. Desse modo, quando

Hitler torna-se chanceler do governo alemão, em janeiro de 1933, o Instituto transfere sua sede administrativa quase que imediatamente para Genebra e abandona as instalações em Frankfurt.

De fato, Horkheimer acabou exonerado de suas funções na Universidade já em abril de 1933 e as instalações do Instituto em Frankfurt foram depredadas pelos nazistas. A editora alemã da revista informou Horkheimer de que não poderia mais publicá-la. Assim começou o longo exílio do Instituto e de seus pesquisadores, que iria durar até 1950, quando de sua reinauguração em Frankfurt.

Com a solidariedade de intelectuais franceses e ingleses, o Instituto abre pequenos escritórios em Londres e em Paris e passa a editar a revista na capital francesa. Em busca de uma nova sede para o Instituto, Horkheimer recebe uma oferta muito favorável da Universidade de Columbia, em Nova York, o que permite, já em 1934, a transferência das instalações. Até o início da Segunda Guerra Mundial, em 1939, grande parte dos colaboradores do Instituto emigra para os Estados Unidos. Com a tomada de Paris pelo exército nazista, em 1940, mais uma vez a edição da revista é interrompida, sendo retomada apenas em 1942, em Nova York, com a publicação dos seus dois últimos números, sob o título em inglês de *Studies in Philosophy and Social Science* [Estudos de filosofia e ciência social].

Nesse contexto, é preciso enfatizar que a etiqueta "Escola de Frankfurt" surgirá apenas na década de 1950, após o retorno do Instituto à Alemanha. Trata-se, portanto, de uma denominação *retrospectiva*, quer dizer, que não tinha sido utilizada até então e com a qual se reconstruiu em um determinado sentido a experiência anterior. Essa característica do rótulo "Escola de Frankfurt" tem muitas implicações. Em primeiro lugar, significa que o sentido da expressão "Escola de Frankfurt" será em grande parte moldado por *alguns* dos pensadores ligados à experiência da Teoria Crítica, em particular aqueles que retornaram à Alemanha após o final da Segunda Guerra Mundial, já que muitos permaneceram nos países em que encontraram abrigo da perseguição nazista. Além disso, terão mais influência na moldagem do rótulo "Escola de Frankfurt" aqueles intelectuais que tiveram posições de direção no pós-guerra, tanto no Instituto como na Universidade. Nesse sentido, Horkheimer é a figura central desse movimento, já que não apenas permanece na direção do Instituto em sua reinauguração em Frankfurt como torna-se reitor da Universidade. A seu lado, como íntimo colaborador, está Theodor W. Adorno, que o sucedeu na direção do Instituto em 1958.

Em segundo lugar, o rótulo "Escola de Frankfurt" teve um importante papel para fortalecer e amplificar as intervenções (principalmente de Adorno e de Horkheimer) no debate público alemão das décadas de 1950 e 1960. Era premente e indispensável uma discussão sobre as causas e os efeitos da experiência nazista — com todas as consequências para a República Federal Alemã que surgia — e um debate sobre a natureza do então chamado "bloco soviético" (ao qual pertencia uma parte da Alemanha dividida após a guerra, a República Democrática Alemã). Além disso, havia que se tentar compreender a forma do capitalismo sob o arranjo social que se convencionou chamar de "Estado de bem-estar social", as novas formas de produção industrial da cultura e da arte, a natureza das novas formas de controle social e dos novos métodos quantitativos de pesquisa social, o papel da ciência e da técnica, além do trabalho em torno de temas clássicos da filosofia e da teoria social.

Esses são alguns dos principais temas do que se convencionou chamar de "Escola de Frankfurt". Como será explicado adiante, este livro não trata em detalhe desses temas, mas concentra-se em apresentar a *ideia* de uma Teoria Crítica. Seja como for, pode-se já concluir que Escola de Frankfurt designa antes de mais nada uma forma de intervenção político-intelectual (mas não partidária) no debate público alemão do pós-guerra, tanto no âmbito acadêmico como no da esfera pública entendida mais amplamente. E uma forma de intervenção de grande importância e consequências, não apenas para o debate público e acadêmico alemão. Compreende-se, portanto, por que os nomes de Horkheimer e Adorno são sempre lembrados como pertencentes à Escola, ao passo que os demais componentes variam muito.

Nesse sentido, a riqueza da experiência da Teoria Crítica até a década de 1950 permitiu que se lançasse mão de temas e desenvolvimentos teóricos os mais diversos, por vezes até mesmo conflitantes entre si, ao mesmo tempo em que se afirmava perfazerem uma unidade doutrinária. Com isso, interesses teóricos muitas vezes divergentes puderam encontrar ressonância em pelo menos um dos autores da Escola e afirmar, assim, sua referência a um suposto "núcleo teórico comum", legitimando, com isso, sua pretensão de pertença à Escola. Esse tipo de procedimento levou muitas vezes a que, partindo de uma determinada obra de determinado autor, fossem atribuídos aos outros "componentes" da Escola aquela mesma posição teórica. Da mesma forma, objeções dirigidas a um único "componente" afetavam o conjunto da Escola.

Aqui parece residir justamente o poder do rótulo "Escola de Frankfurt": sua força está exatamente em que inexiste a unidade, ao mesmo tempo em que a unidade é afirmada com todo vigor a cada vez. Não há mais sentido, entretanto, em prosseguir reafirmando uma unidade doutrinária inexistente. É por isso que retomar a expressão original "Teoria Crítica" significa, entre outras coisas, demarcar um campo teórico que valoriza e estimula a pluralidade de modelos críticos em seu interior. Nesse sentido, a Escola de Frankfurt diz respeito a um determinado momento e a uma determinada constelação da Teoria Crítica. A Escola de Frankfurt como denominação político-intelectual já cumpriu — e com louvor — seu papel histórico. Cabe hoje levar adiante o projeto crítico sob novas formas.

A ideia de uma Teoria Crítica

Pelo exposto até aqui, Teoria Crítica designa pelo menos três coisas: um campo teórico, um grupo específico de intelectuais filiados a esse campo teórico e inicialmente reunidos em torno de uma instituição determinada (o Instituto de

Pesquisa Social) e a Escola de Frankfurt. Como já justificado há pouco, o interesse deste livro concentra-se nos dois primeiros sentidos de Teoria Crítica. O que significa, entretanto, falar em um campo teórico determinado? Para que isso seja possível, é necessário apresentar os critérios a partir dos quais é possível demarcar as fronteiras desse campo, quer dizer, o espaço teórico dentro do qual aqueles pesquisadores que a ele se filiam desenvolvem suas investigações. Nos escritos de Horkheimer da década de 1930, o campo da Teoria Crítica tem como critério de demarcação fundamental o seguinte: produz Teoria Crítica todo aquele que desenvolve seu trabalho teórico a partir da obra de Marx.

Seguem-se daí pelo menos duas características da Teoria Crítica. Em primeiro lugar, ela designa um campo que já existia previamente à sua conceituação pelo próprio Horkheimer, isto é, o campo do marxismo. Nesse primeiro sentido, Horkheimer pretende ter conceitualizado os elementos teóricos fundamentais que distinguem o campo do marxismo de outras concepções teóricas. É o que se pode chamar de Teoria Crítica em sentido amplo.

Em segundo lugar, Horkheimer dá a sua versão desses elementos teóricos fundamentais, quer dizer, apresenta tanto a sua interpretação específica do pensamento de Marx como procura utilizar-se desses parâmetros interpretativos para analisar o momento histórico em que se encontra. Dito de outra maneira, Horkheimer apresenta a sua conceituação da Teoria Crítica. É o que se pode chamar de Teoria Crítica em sentido restrito.

Assim, cada interpretação dos princípios orientadores do campo da Teoria Crítica e cada tentativa de se utilizar deles para a compreensão do momento presente a partir dos escritos de Horkheimer da década de 1930 constitui-se em Teoria Crítica em sentido restrito. Esse sentido aparecerá também neste livro na apresentação de *modelos* de Teoria Crítica que têm essa conceituação de Horkheimer como referência central. E, como já indicado na "Introdução", todo modelo crítico traz consigo um determinado diagnóstico do tempo presente e um conjunto de prognósticos de possíveis desenvolvimentos, baseados em tendências discerníveis em cada momento histórico determinado.

Como se pode ver, é característica fundamental da Teoria Crítica (tanto em sentido amplo como em sentido restrito) ser permanentemente renovada e exercitada, não podendo ser fixada em um conjunto de teses imutáveis. O que significa dizer, igualmente, que tomar a obra de Marx como referência primeira da investigação não significa tomá-la como uma doutrina acabada, mas como um conjunto de problemas e de perguntas que cabe atualizar a cada vez, segundo cada constelação histórica específica. Nesse sentido, para finalizar esta seção, serão esquematicamente apresentadas algumas das formulações de Marx que são fundamentais para a conceituação de uma Teoria Crítica, e em seguida os princípios fundamentais que demarcam o campo da Teoria Crítica em sentido amplo, com base tanto nos textos de Marx quanto nos escritos de Horkheimer da década de 1930.

Na seção seguinte, será apresentado o modelo crítico inaugural construído por Horkheimer nesse período, com especial ênfase no já mencionado artigo "Teoria Tradicional e Teoria Crítica". Ainda que as formulações de Horkheimer nesse texto devam muito aos trabalhos do pensador marxista Georg Lukács (1885-1971), autor do livro seminal *História e consciência de classe* (1923), essa importante referência não será explorada aqui, buscando-se somente ressaltar o vínculo dos conceitos elaborados por Horkheimer com os elementos apresentados da obra de Marx.

Nesse ponto surge o sentido preciso em que será utilizada propriamente a expressão "Teoria Crítica" neste livro: todo modelo crítico construído a partir do modelo apresentado por Horkheimer em seu texto de 1937. Nesse sentido, se a obra de Marx é a referência fundamental para a formulação do modelo de 1937, muitos dos modelos críticos formulados posteriormente — seja por outros autores, seja pelo próprio Horkheimer — terão por referência fundamental não a obra de Marx diretamente, mas os escritos de Horkheimer da década de 1930.

Na seção subsequente, serão apresentados os elementos mais gerais de alguns desses modelos de Teoria Crítica que têm como referência fundamental o modelo desenvolvido por Horkheimer na década de 1930. Isso não significa — é sempre bom reafirmar — que o campo mais geral da Teoria Crítica se reduza a eles, mas sim que eles se constituem naqueles modelos críticos mais conhecidos no interior da Teoria Crítica em sentido restrito — aqueles que têm como referência fundamental os escritos de Horkheimer da década de 1930. Seguem-se a essa seção algumas breves considerações finais.

A matriz da Teoria Crítica: a análise do capitalismo por Karl Marx. O capitalismo é uma forma histórica que se caracteriza por organizar toda a vida social em torno do mercado. Em contraste com todas as formas históricas anteriores, o mercado capitalista não é simplesmente um elemento social entre muitos outros, mas é o centro para o qual convergem todas as atividades de produção e de reprodução da sociedade.

Por isso, a tarefa primordial da Teoria Crítica desde sua primeira formulação na obra de Marx é a de compreender a natureza do mercado capitalista. Compreender como se estrutura o mercado e de que maneira o conjunto da sociedade se organiza a partir dessa estrutura significa, simultaneamente, compreender como se distribui o poder político e a riqueza, qual a forma do Estado, que papéis desempenham a família e a religião, e muitas outras coisas mais.

Diferentemente de todas as formas históricas anteriores, no capitalismo todo e qualquer artefato é um produto para ser trocado. É a lógica da troca que determina o comportamento dos agentes no mercado, e não quaisquer outras motivações como valores, crenças religiosas ou determinações culturais. Não se pretende com isso dizer que não haja valores e crenças, mas sim que, no mercado, eles devem se subordinar à lógica da troca mercantil.

A fim de compreendê-la, é preciso começar a análise por sua unidade elementar, a mercadoria. Dizer que o mercado é o centro em torno do qual se organiza o conjunto da sociedade capitalista significa então dizer que, potencialmente, todo e qualquer bem deve ter um determinado valor, quer dizer, que todo bem deve poder ser apreciável, deve poder assumir a forma de uma mercadoria.

Foi assim por exemplo que, pela primeira vez na história, o trabalho humano tornou-se uma mercadoria. Mas, nesse caso, o que é que se vende em troca de um salário? Marx diz que não é o trabalho enquanto tal que é vendido mas a *força de trabalho*, isto é, as capacidades físicas e mentais do homem de utilizar instrumentos e máquinas para produzir mercadorias. Isso significa, entretanto, que a força de trabalho estava separada dos instrumentos de trabalho que lhe permitiam produzir bens; essa separação estrutural é uma característica da forma histórica do capitalismo.

Para compreender essa separação histórica do homem de seus instrumentos de trabalho, é necessário inicialmente lembrar o vertiginoso desenvolvimento tecnológico que acompanha o capitalismo. A capacidade de controle dos fenômenos naturais, os aumentos de produtividade do trabalho, o desenvolvimento da infraestrutura de transportes e de comunicações são sempre crescentes sob o capitalismo. Isso significa, entretanto, que os instrumentos de trabalho tornam-se também cada vez mais sofisticados e complexos, o que exige, por sua vez, quantidades cada vez maiores de capital para se adquirirem as máquinas e equipamentos adequados a um mercado competitivo.

Em sua origem, esse vertiginoso e contínuo progresso técnico só foi possível porque a riqueza da sociedade estava acumulada nas mãos de alguns poucos que, ao empregarem essa riqueza na aquisição de equipamentos e máquinas recém-inventados, fizeram dela *capital*, tornando-se eles próprios *capitalistas*. De outro lado, a partir do final do século XV tem início na Inglaterra o longo e decisivo processo do "cercamento" — a expressão sistemática de camponeses de suas terras. Essa massa populacional viu-se então obrigada a migrar para as cidades, onde, por sua vez, encontraram a novidade das grandes indústrias, com sua produção em larga escala e suas máquinas. Despojada da terra e de seus instrumentos de trabalho, só restava a essa imensa massa de despossuídos vender o único bem reconhecido pelo mercado de que ainda dispunha: a sua capacidade de operar as novas máquinas e os novos equipamentos, em outras palavras, a sua *força de trabalho*.

Ao vendê-la, esses grandes contingentes tornaram-se *proletários*. Não se trata mais, portanto, da família camponesa que dispunha dos meios para produzir a sua própria subsistência, mas de trabalhadores urbanos que vendem sua força de trabalho em troca de um *salário*. E, ao utilizarem o salário recebido na compra de mercadorias para sua própria sobrevivência, os proletários criam também o mercado interno para o próprio capital industrial.

Com isso, analisa Marx, a sociedade capitalista divide-se estruturalmente em duas *classes*, assim caracterizadas pela posição que ocupam por cada uma delas no processo produtivo: *capitalistas* são aqueles que detêm os *meios de produção* e que os põem em funcionamento com a força de trabalho que *compram*; e *proletários* são aqueles que *vendem* sua força de trabalho ao capitalista em troca de um *salário*.

Além de sua função de troca, o mercado funciona também como um mecanismo de *aprofundamento das desigualdades*, pois, segundo as análises de Marx do funcionamento da economia capitalista, a distribuição de bens segundo a divisão em classes *tende* a produzir um polo de intensa acumulação de riqueza e um outro polo de crescente pobreza.

Não é dessa maneira, entretanto, que o mercado surge na sociedade capitalista. Ele aparece como uma instituição neutra, cuja lógica da troca de mercadorias de valores iguais não favorece nem desfavorece ninguém em particular, mas funciona segundo regras que valem para todos, independentemente de sua posição social, política e econômica. O mercado capitalista aparece como aquele momento da vida social em que a troca de mercadorias de igual valor segundo regras que valem para todos é também por isso uma troca *justa*. Nesse sentido, ele promete ser a instituição que garante e promove os ideais da sociedade capitalista: a liberdade e a igualdade para todos.

Marx, em acordo com a chamada economia política clássica inglesa — essencialmente Adam Smith (1723-1790) e David Ricardo (1772-1823) — afirma que, no mercado, as mercadorias são de fato vendidas pelo seu valor. Mas diz também que o mercado, em lugar de promover a igualdade e a liberdade que promete, perpetua e aprofunda desigualdades que estão na origem do próprio capitalismo, acirrando as diferenças de poder e de riqueza entre capitalistas e proletários. Marx mostra que há uma diferença entre o salário que o proletário recebe pela utilização de sua força de trabalho pelo capitalista (que corresponde ao valor de mercado da força de trabalho) e o valor que a força de trabalho é capaz de produzir (que se agrega à mercadoria produzida). Essa diferença entre o que a força de trabalho "vale no mercado" e o valor maior que ela é capaz de produzir (chamada por Marx de "mais-valia") é apropriada privadamente pelo capitalista sob a forma do *lucro*. E, para Marx, enquanto houver lucro, não é possível realizar a liberdade e a igualdade prometidas pelo capitalismo.

É certo que esse mecanismo permanente e cotidiano da promessa da liberdade e da igualdade sob relações sociais capitalistas é real e efetivo, moldando de fato a consciência tanto de capitalistas como de proletários. Mas o reconhecimento dessa ilusão real produzida pelo sistema não deve obscurecer o fato de que, apesar disso, a promessa de igualdade e de liberdade está também de algum modo *inscrita* nessa forma de organização social. E não é apenas isso, o capitalismo é a primeira formação histórica que desenvolve de maneira tão vertiginosa a técnica e a produção que torna de fato possível a realização da liberdade e da igualdade, ainda que sua efetiva realização dependa, para Marx, da destruição dessa forma histórica de produção. E as análises de Marx conduzem ao prognóstico de que o capitalismo tende a essa destruição, tanto por sua própria lógica interna contraditória — Marx conclui que, com o tempo, a taxa de lucro tende a cair estruturalmente, o que viria a provocar o colapso da lógica de funcionamento do sistema — como pela ação consciente do proletariado contra o poder do capital. Nesse sentido, a destruição do capitalismo e a instauração de uma sociedade de livres e iguais é uma *tendência* real presente no próprio sistema.

Para Marx, portanto, a liberdade e a igualdade só poderão ser realizadas com a *abolição do capital*. Mas é importante notar que é o próprio capitalismo que simultaneamente promete uma sociedade livre e igual e, no seu funcionamento concreto, rouba a cada vez a possibilidade dessa realização.

Dito de outra maneira, a realização da liberdade e da igualdade depende de uma *revolução* que venha a abolir o capital e sua forma social. Essa revolução é obra do *proletariado* organizado como *classe*, vale dizer, do proletariado consciente de que a realização da liberdade e da igualdade depende da abolição do próprio capital. Essa *emancipação* do proletariado em relação à dominação capitalista, entretanto, encontra *obstáculos* concretos. A conscientização do proletariado como classe é um processo que tem de superar tanto as ilusões reais produzidas pelo capitalismo como a repressão dos movimentos emancipatórios pelo poder político, econômico e social do capital.

Os princípios fundamentais da Teoria Crítica. Dessa sucinta recapitulação de alguns elementos da análise do capitalismo feita por Marx já é possível enunciar os princípios fundamentais que distinguem a Teoria Crítica (em sentido amplo) de outras correntes de pensamento, demarcando, assim, o seu campo. O esforço analítico de Marx está fundamentalmente na perspectiva da superação da dominação capitalista e ancorado na realização da liberdade e da igualdade, que, sob o capitalismo, permanecem apenas aparentemente reais. Trata-se, portanto, para Marx, de destruir essa aparência por meio da efetiva realização da liberdade e da igualdade. Nesse sentido, essa perspectiva de emancipação não é um ideal, meramente imaginado pelo teórico, mas uma *possibilidade real*, inscrita na própria lógica social do capitalismo. Mas, se é assim, também a realização dessa possibilidade concreta da emancipação, da construção de uma sociedade de mulheres e homens livres e iguais, não é obra da teoria que a descortina, mas da *prática* transformadora que a torna real. Assim, a Teoria Crítica só se confirma na prática transformadora das relações sociais vigentes.

Isso não significa, entretanto, que haja um abandono da teoria em prol da prática. É certo que a Teoria Crítica, em sua formulação original em Marx, está dirigida para e pela prática transformadora. Mas isso não quer dizer que seja menos importante a análise das estruturas sociais reais em que estão inscritos tanto os potenciais de emancipação quanto os obstáculos concretos à sua efetivação. Pelo contrário, o delineamento de tendências do desenvolvimento histórico ganha uma extraordinária importância: tanto com relação ao diagnóstico do tempo presente a partir da lógica do capital — lógica que é estruturante do conjunto da sociedade capitalista — como com relação aos prognósticos que podem ser derivados a partir desse diagnóstico. É com base nas tendências estruturais da lógica social do capitalismo e no exame dos arranjos históricos concretos em que essa lógica se expressa — com base no diagnóstico do presente, portanto — que se desenham as perspectivas do sentido do desenvolvimento histórico — os prognósticos, em suma — que orientam o sentido das ações transformadoras por empreender.

Sendo assim, a teoria é tão importante para o campo crítico que o seu sentido se altera por inteiro: não cabe a ela limitar-se a dizer como as coisas *funcionam*, mas sim analisar o funcionamento concreto delas à luz de uma *emancipação* ao mesmo tempo *concretamente possível* e *bloqueada* pelas relações sociais vigentes. Com isso, é a própria perspectiva da emancipação que torna possível a teoria, pois é ela que abre pela primeira vez o caminho para a efetiva compreensão das relações sociais. Sem a perspectiva da emancipação, permanece-se no âmbito das ilusões reais criadas pela própria lógica interna da organização social capitalista. Dito de outra maneira, é a *orientação para a emancipação* o que permite compreender a sociedade em seu conjunto, que permite pela primeira vez a constituição de uma teoria em sentido enfático. A orientação para a emancipação é o *primeiro princípio* fundamental da Teoria Crítica.

Se, portanto, a orientação para a emancipação está na base da teoria, como o que confere sentido ao trabalho teórico, a teoria não pode se limitar a *descrever* o mundo social, mas tem de examiná-lo sob a perspectiva da distância que separa o que existe das possibilidades melhores nele embutidas e não realizadas, vale dizer, à luz da carência do que é frente ao melhor que pode ser. Nesse sentido, a orientação para a emancipação exige que a teoria seja expressão de um *comportamento crítico* relativamente ao conhecimento produzido sob condições sociais capitalistas e à própria realidade social que esse conhecimento pretende apreender. Esse comportamento crítico é o *segundo princípio* fundamental da Teoria Crítica.

Como no caso do primeiro princípio, também o comportamento crítico com relação ao conhecimento e à realidade social não é algo que o teórico introduz "de fora", mas sim um princípio inscrito no real. Pois esse comportamento é exatamente aquele que caracteriza a posição social do proletariado no processo de produção social, vale dizer, a sua posição de classe. Esse ponto de vista permite identificar as tendências estruturais do desenvolvimento histórico e seus arranjos concretos da perspectiva das *potencialidades* e dos *obstáculos* à emancipação.

Esses dois princípios fundamentais da Teoria Crítica herdados de Marx, ao mesmo tempo em que caracterizam o campo crítico, também demarcam negativamente esse campo, já que excluem tanto aqueles teóricos que constroem modelos abstratos de sociedades perfeitas (e que nessa vertente intelectual são chamados de utópicos ou normativistas) como aqueles que pretendem reduzir a tarefa da teoria a uma descrição neutra do funcionamento da sociedade (chamados de positivistas). Os dois princípios mostram a possibilidade de a sociedade emancipada estar inscrita na forma atual de organização social como uma tendência real de desenvolvimento, cabendo à teoria o exame do existente não para descrevê-lo simplesmente, mas para identificar e analisar a cada vez os obstáculos e as potencialidades de emancipação presentes em cada momento histórico.

A Teoria Crítica segundo Max Horkheimer

Pelo que foi apresentado até aqui, uma análise de "Teoria Tradicional e Teoria Crítica" tem de mostrar de que maneira esse texto de Horkheimer interpreta e formula os dois princípios fundamentais da Teoria Crítica e como se utiliza deles para fornecer um diagnóstico do tempo presente. Sendo assim, há que examinar como Horkheimer formula nesse texto o princípio do *comportamento crítico* relativamente ao conhecimento produzido sob condições sociais capitalistas e à própria realidade social que esse conhecimento pretende apreender com base no princípio da *orientação para a emancipação* que caracteriza mais amplamente a perspectiva crítica.

Nesse sentido, o conhecimento crítico opõe-se a todo conhecimento que não tiver sido produzido a partir desses dois princípios fundamentais. Mas, como se verá, não se trata simplesmente de rejeitar o conhecimento que não dispõe da perspectiva da emancipação em sua produção; ao contrário, trata-se, para a perspectiva crítica, de mostrar primeiramente por que ele é *parcial*, para então buscar integrá-lo, sob nova forma, ao conjunto do conhecimento crítico. E, como estampado no próprio título do artigo, esse conhecimento produzido sob condições sociais capitalistas é denominado por Horkheimer "Teoria Tradicional".

A concepção tradicional de teoria. A concepção moderna de ciência e de teoria científica estabeleceu-se como um conjunto de princípios abstratos a partir dos quais se torna possível formular leis que explicam a conexão necessária dos fenômenos naturais segundo relações de causa e efeito. O cientista procura aplicar os princípios e leis a fenômenos particulares, formulando hipóteses que se constituem em previsões sobre o que tem necessariamente de ocorrer a partir de determinadas condições iniciais. A ocorrência do fenômeno previsto pela teoria significa a confirmação da previsão e, nesse sentido, a confirmação de uma própria teoria. Caso contrário, passa a ser necessário rever as condições do experimento de verificação, ou algum aspecto da própria teoria.

Entendida assim, a teoria científica coloca como tarefa unicamente o estabelecimento de vínculos necessários entre os fenômenos naturais a partir de leis e princípios mais gerais. Com isso, o cientista é aquele que observa os fenômenos e estabelece conexões objetivas entre eles, quer dizer, conexões que se dão na natureza independentemente de qualquer intervenção de sua parte. Para tanto, tem de abstrair das qualidades concretas dos objetos e do sentido que possam ter no contexto das relações sociais, para considerá-los unicamente como elementos de uma cadeia causal necessária. Essas são as características mais gerais do que

Horkheimer denomina *concepção tradicional de teoria*, a Teoria Tradicional.

O que acontece, entretanto, quando esse modelo de ciência é transposto para o estudo do homem em sociedade, para as hoje denominadas "ciências humanas"? Como é possível, nesse caso, meramente observar os fenômenos e estabelecer conexões causais objetivas entre eles, quando o objeto em questão (as relações sociais) é um produto da *ação* humana? Além disso, o que significa então um "fenômeno" social? Pode-se tratá-lo como se fosse um evento da natureza?

Para que seja possível essa transposição do modelo tradicional de teoria das ciências naturais para as ciências humanas, torna-se necessário antes de mais nada separar o cientista social do agente social que ele também é, ou seja, diferenciar o observador de relações sociais do membro de uma sociedade concreta. Para tanto, é preciso distinguir rigidamente a *observação* da sociedade de uma *avaliação* da observação feita, ou seja, é necessário separar, de um lado, a descrição de como funciona a sociedade, e de outro, os valores próprios a cada cientista como agente social.

Dito de outra maneira, se, no caso do estudo da sociedade humana, o sujeito (o cientista) é também simultaneamente o objeto da investigação (como agente social), ou seja, se a sociedade é resultado da ação humana de que participa aquele que pretende entendê-la, é preciso separar essas duas facetas do mesmo indivíduo de modo que não se confundam ou misturem. Para isso, é necessário estabelecer um *método* científico (à maneira das ciências naturais) que impeça que o cientista social, consciente ou inconscientemente, dirija a investigação dos fenômenos sociais para uma mera confirmação de seus valores pessoais.

Em outras palavras, esse método científico tem de separar rigidamente o que é do domínio do *conhecimento* e o que pertence ao domínio da *ação*. Dessa perspectiva tradicional de teoria, não cabe ao cientista qualquer *valoração* do objeto estudado, mas tão somente a sua classificação e explicação segundo os parâmetros neutros do método.

Na concepção tradicional, portanto, a teoria não pode em nenhum caso ter por objetivo a ação, não pode ter um objetivo prático no mundo, mas tão somente apresentar a conexão dos fenômenos sociais tais como se apresentam a um observador isolado da prática. Do contrário, o observador deixa de ser um cientista e passa a ser um agente social como qualquer outro, imbuído de uma determinada concepção de mundo, de um determinado conjunto de valores em nome dos quais age.

A partir de tais critérios, a concepção tradicional de teoria também estabelece uma especialização da atividade do cientista social análoga àquela do cientista da natureza. Sendo possível circunscrever um ramo de investigação da sociedade apartado de toda e qualquer valoração de seu objeto (ou seja, sendo possível circunscrever um campo de investigação que se estabeleça independentemente de toda e qualquer concepção de mundo particular), tem-se uma disciplina científica. Foi assim que surgiram disciplinas científicas como a sociologia, a antropologia social e a ciência política, sendo que esses parâmetros vieram também a reorientar disciplinas já existentes, como a história, a psicologia e o direito, por exemplo. A concepção tradicional de teoria estimulou o surgimento de disciplinas particulares e uma crescente especialização no âmbito de cada disciplina em particular.

A atitude crítica. Segundo Horkheimer, a perspectiva tradicional de teoria, pretendendo simplesmente explicar o funcionamento da sociedade, termina por adaptar o pensamento à realidade. Em nome de uma pretensa neutralidade da descrição, a Teoria Tradicional resigna-se à forma histórica presente da dominação. Em uma sociedade dividida em classes, a concepção tradicional acaba por justificar essa divisão como necessária.

Mas, pelo que foi visto até agora, seriam essas críticas aceitáveis? Afinal, não é necessário resguardar a ciência da confusão com concepções de valor? Não é necessário separar "conhecer" e "agir" como dimensões radicalmente distintas, se há intenção de alcançar o autêntico conhecimento científico da realidade?

O problema está, diz Horkheimer, em que o conhecimento da realidade social é um momento da ação social — assim como esta é um momento daquele. Não se trata de negar que conhecer e agir sejam distintos, mas de reconhecer que têm de ser considerados conjuntamente. Se a realidade social é o resultado da ação humana, esta se dá, por sua vez, no contexto de estruturas históricas determinadas, de uma dada forma de organização social. Desse modo, o primeiro passo é o de investigar essas estruturas, de maneira a descobrir quais são as condições históricas em que se dá a ação.

Ao fixar a separação entre conhecer e agir, entre teoria e prática, segundo um método estabelecido a partir de parâmetros da ciência natural moderna, a teoria tradicional expulsa do seu campo de reflexão as condicionantes históricas do seu próprio método. Se todo conhecimento produzido é, entretanto, historicamente determinado (mutável no tempo, portanto), não é possível ignorar essas condicionantes senão ao preço de permanecer na superfície dos fenômenos, sem ser capaz, portanto, de conhecer por inteiro suas reais conexões na realidade social. Em outras palavras, na concepção tradicional de teoria, o método é transformado em uma instância atemporal, de maneira a tentar eliminar o cerne histórico que lhe é, entretanto, constitutivo.

Contra isso insurge-se o *comportamento crítico*, que pretende conhecer sem abdicar da reflexão sobre o caráter histórico do conhecimento produzido. Sendo o capitalismo uma forma social histórica que tem como centro organizador o mercado, trata-se, antes de mais nada, de reconhecer que a produção de mercadorias é o foco a partir do qual se estrutura a sociedade. E, como já visto, a organização da sociedade em função da produção de mercadorias e do lucro estrutura a sociedade capitalista em classes. Desse modo, qualquer concepção de ciência que não tenha como pressuposto a divisão da sociedade em classes e que não seja capaz de reconhecer o exercício da ciência como um dos momentos dessa sociedade produtora de mercadorias estará sendo, como concepção de ciência, parcial.

O comportamento crítico pretende mostrar duas coisas simultaneamente. Por um lado, que a produção científica de extração tradicional é parcial, porque, ao ignorar que essa produção tem uma posição determinada no funcionamento da sociedade, acaba por construir uma imagem da mesma que fica no nível da aparência, não conseguindo atingir os objetivos que ela própria se colocou como teoria. Por outro lado, entretanto, que essa aparência à qual se limita a Teoria Tradicional é também aquela produzida pela própria lógica ilusória do capital, que promete a liberdade e a igualdade que jamais poderão ser realizadas sob o capitalismo. Nesse sentido, a parcialidade da concepção tradicional de teoria é também *real*: ela expressa a parcialidade própria de uma sociedade dividida em classes.

Cabe, portanto, à Teoria Crítica eliminar essa parcialidade da Teoria Tradicional. Mas isso não significa afastar ou negar a Teoria Tradicional sem mais. Como diz Horkheimer, trata-se de dar a ela a consciência concreta de sua limitação; quer dizer, é preciso considerar seus resultados no contexto mais amplo da sociedade produtora de mercadorias, entendê-los em vista da posição social específica da Teoria Tradicional. Só assim ela pode superar sua função de legitimação da dominação, assumida por ela desde o momento em que se pôs como tarefa examinar os fenômenos sociais de maneira objetiva e neutra.

Mas, se é assim, a Teoria Crítica não se comporta criticamente apenas em relação ao conhecimento produzido sob condições capitalistas, mas igualmente em relação à própria realidade que esse conhecimento pretendeu apreender. Ou seja, a atitude crítica não se volta apenas para o conhecimento, mas para a própria realidade das condições sociais capitalistas. E isso porque o comportamento crítico tem sua fonte na *orientação para a emancipação* relativamente à dominação vigente.

Nesse sentido, a Teoria Crítica irá interpretar todas as rígidas distinções em que se baseia a Teoria Tradicional (como "conhecer", "agir", "ciência", "valor" e tantas outras) como indícios da incapacidade da concepção tradicional de compreender a realidade social em seu todo. O método tradicional, ao tomar essas cisões como dadas e não como produtos históricos de uma formação social, não é capaz de explicar satisfatoriamente por que elas seriam, afinal, necessárias. A Teoria Crítica, ao contrário, mostra que tais divisões rígidas são características de uma sociedade dividida, ainda não emancipada.

Sendo assim, é a perspectiva da emancipação, da instauração de uma sociedade reconciliada, que ilumina a presente situação de não emancipação e permite à Teoria Crítica compreender o real sentido das cisões não justificadas da Teoria Tradicional. É a unidade futura, na sociedade emancipada, dos elementos que se encontram cindidos sob a dominação capitalista, a fonte de luz que instaura a perspectiva crítica sobre o existente. O comportamento crítico torna-se possível porque fundado em uma orientação para a emancipação da sociedade, para a realização da liberdade e da igualdade que o capitalismo ao mesmo tempo possibilita e bloqueia.

O materialismo interdisciplinar. Há uma grande diferença entre a situação da produção científica no tempo de Marx (1818-1883) e aquela que foi teorizada por Horkheimer em 1937. Não havia nem de longe, no tempo de Marx, o número de disciplinas científicas e de especialidades que se desenvolveram posteriormente. Nesse sentido, Horkheimer tem de lidar com um elemento novo em relação ao quadro teórico formulado por Marx. Mas isso não é um obstáculo. Como já visto, é característica da Teoria Crítica a permanente renovação, o debruçar-se sobre um conjunto de problemas e perguntas que cabe atualizar a cada vez, segundo cada situação histórica particular.

O parâmetro da relação da Teoria Tradicional com a Teoria Crítica é aquele da economia política clássica com as formulações do próprio Marx (que praticou a *crítica* da economia política, como já mencionado). Mas a economia política clássica tem um parentesco remoto com o que hoje se entende como ciência econômica e nem remotamente corresponde à lógica da especialização atual, sendo diferente também da ciência econômica tal como praticada na década de 1930 nos países centrais.

À primeira vista, o processo de acelerada especialização poderia parecer inteiramente contrário ao modelo de análise do capitalismo elaborado por Marx, já que se basearia em uma fragmentação da realidade social prejudicial à apreensão do todo pretendida pela perspectiva crítica. A compreensão do conjunto da lógica social a partir da compreensão da lógica de valorização do capital poderia parecer prejudicada pela proliferação de perspectivas disciplinares.

Se, entretanto, o comportamento crítico tem de dar às realizações da Teoria Tradicional um tratamento tal que permita a sua incorporação à Teoria Crítica, esse procedimento tem de valer também para o processo de especialização científica crescente.

Dessa forma Horkheimer não pretende se distanciar da especialização, mas quer dar a ela um sentido crítico. Isso é possível, primeiramente, na medida em que a crescente especialização do conhecimento é compreendida em seus condicionamentos históricos e em seu sentido social. Ainda assim, é necessário ter claro que, ao fragmentar cada vez mais o objeto de estudo (a sociedade) em múltiplas perspectivas, a especialização da Teoria Tradicional torna cada vez mais difícil a compreensão da sociedade em seu conjunto, com sua divisão em classes e sua organização em torno da valorização do capital. Deste modo, a produção científica encerra-se cada vez mais na justificação da ordem existente.

Em vista disso, Horkheimer pretende encontrar um sentido positivo para o movimento em direção à crescente especialização, a fim de orientá-lo no sentido crítico. Para tanto, lançou as bases do já mencionado *materialismo interdisciplinar*, em que pesquisadores trabalhando em diferentes áreas do conhecimento têm como horizonte comum a teoria de Marx. Economistas, cientistas sociais, psicólogos, teóricos do direito e da política, filósofos e críticos de arte colaboram para, em cada disciplina particular, interpretar os resultados da Teoria Tradicional em vista de uma imagem da sociedade capitalista em seu conjunto, simultaneamente organizada em torno da valorização do capital e revelando potenciais de superação em relação à dominação do mesmo.

Foi essa experiência interdisciplinar que permitiu a Horkheimer formular o seu diagnóstico do tempo presente, de maneira a identificar as tendências do desenvolvimento histórico naquele momento. Como já visto anteriormente, a Teoria Crítica constitui-se no duplo exercício de interpretação do pensamento de Marx e de utilização desses parâmetros interpretativos para analisar o momento histórico presente. Foi esse duplo exercício que Horkheimer fez nos seus escritos da década de 1930, inaugurando o que se chamou aqui de Teoria Crítica em sentido restrito.

Diagnóstico do tempo presente. São três os elementos fundamentais que caracterizam o diagnóstico do tempo presente de Horkheimer em seu texto "Teoria Tradicional e Teoria Crítica". Todos eles derivam direta ou indiretamente de trabalhos realizados no âmbito do Instituto de Pesquisa Social na década de 1930 e em grande medida divergem com relação ao diagnóstico apresentado originalmente por Marx.

O primeiro elemento importante tem sua origem nas análises econômicas de Friedrich Pollock, autor já mencionado anteriormente. Segundo os escritos de Pollock da década de 1930, as tendências autodestrutivas do capitalismo não se encontravam acirradas, apesar da Revolução Russa de 1917 e da crise econômica sem precedentes ocorrida em 1929. O capitalismo passou de uma fase concorrencial para uma nova, a monopolista — na qual uma alta e crescente concentração do capital em uns poucos conglomerados econômicos acabou por exigir intervenções profundas do Estado na economia com o objetivo de estabilizar as relações de mercado. Com isso, tornou-se necessário repensar as relações entre Estado e capital, já que, segundo o prognóstico original de Marx, a possibilidade de uma intervenção permanente do Estado para estabilizar e organizar o mercado levaria a um colapso da própria lógica de valorização do capital.

O segundo elemento importante do diagnóstico de Horkheimer provém dos estudos empíricos sobre a classe trabalhadora alemã realizados na primeira metade da década de 1930. A partir deles, Horkheimer concluiu que tinha ocorrido uma importante diferenciação social no interior do próprio proletariado. Essa diferenciação seria, em primeiro lugar, econômica. Ao contrário da previsão de um empobrecimento crescente do proletariado, observou-se o surgimento de uma aristocracia operária e uma melhoria das condições de vida de parte do operariado. Em segundo lugar, o próprio peso da classe trabalhadora no processo econômico se alterou em razão dessa diferenciação social, não sendo mais possível identificar simplesmente um grande polo de pobreza e um outro pequeno polo de riqueza na sociedade, mas diferentes níveis e camadas sociais.

O terceiro elemento importante do diagnóstico de Horkheimer, também objeto de pesquisa do Instituto, é representado pela ascensão do nazismo e do fascismo. Esse elemento mostra não só que a capacidade de resistência da classe trabalhadora à dominação capitalista tinha sido superestimada, mas que a sua possível reorganização sob a brutal repressão nazista era muito improvável. É preciso lembrar também que a ascensão do nazismo e do fascismo veio acompanhada de um extraordinário desenvolvimento dos meios de comunicação de massa, da propaganda e da indústria do entretenimento — o que aumentou a eficácia do controle espiritual das massas.

Ao examinar esses três elementos em conjunto, é possível entender por que Horkheimer considerava que os potenciais de emancipação da dominação capitalista encontravam-se bloqueados naquele momento: estabilização dos elementos autodestrutivos do capitalismo, integração das massas ao sistema e repressão a todo movimento de contestação. Com isso, era a própria ação transformadora, a própria prática que se encontrava bloqueada, não restando ao exercício crítico senão o âmbito da teoria.

Mas se, nesse diagnóstico, o nazismo pode ser considerado um elemento histórico conjuntural e felizmente derrotado, o diagnóstico de Horkheimer do bloqueio da prática continha também elementos estruturais divergentes relativamente ao quadro teórico estabelecido por Marx, como a estabilização dos elementos autodestrutivos do capitalismo em sua fase monopolista e o surgimento de novos mecanismos de integração das massas ao sistema. Em 1937, esses elementos estruturais apontavam para a necessidade de uma revisão mais profunda de alguns dos pilares da teoria de Marx, sem, entretanto, realizá-la. Esse confronto mais intenso com a teoria de Marx seria realizado posteriormente, tanto pelo próprio Horkheimer como por outros pensadores da Teoria Crítica.

Seja como for, pode-se supor que a complexidade e o alto grau de dificuldade de leitura de "Teoria Tradicional e Teoria Crítica" devam-se em grande medida a essa convivência em um mesmo texto de elementos teóricos nem sempre plenamente conciliáveis. Mas talvez seja também exatamente por isso que esse seja o texto inaugural do que é chamado aqui de Teoria Crítica em sentido restrito, já que sua tentativa de manter unidos elementos teóricos de difícil conciliação permite leituras e perspectivas de interpretação bastante divergentes. Não sendo possível, entretanto, no âmbito deste livro tratar em detalhe de todas essas diferentes perspectivas interpretativas, de todos os autores que se reivindicam dessa concepção, nem das diferentes fases de suas obras, procurou-se concentrar esforços na apresentação da *ideia* de Teoria Crítica e de sua formulação original no texto de Horkheimer de 1937, de modo a fornecer ao leitor os elementos fundamentais para se introduzir no universo da Teoria Crítica e de seus autores. Ainda assim, a próxima seção tentará apresentar em suas grandes linhas dois *modelos* de Teoria Crítica que têm como referência central essa conceituação original realizada por Horkheimer.

Modelos de Teoria Crítica

Uma lista apenas indicativa dos autores que têm o texto de Horkheimer de 1937 como referência incluiria os nomes já mencionados de Adorno, Marcuse, Löwenthal e, na geração seguinte, Jürgen Habermas (nascido em 1929). Até onde sei, não se dispõe ainda de estudos mais detalhados das obras de Kirchheimer, Neumann e Fromm (até 1939, quando ele se afasta do Instituto), de modo a verificar se e em que medida orientam seus trabalhos segundo os parâmetros específicos da conceituação de Horkheimer. O caso de Walter Benjamin também é, nesse contexto, excepcional, já que ele constrói um modelo de Teoria Crítica próprio e anterior ao de Horkheimer, tendo grande influência nas formulações de Adorno e do próprio Horkheimer posteriores a 1940 — ano de sua morte na tentativa de fuga da perseguição nazista.

Vê-se já por que, no contexto deste volume, não seria possível apresentar todos esses autores e as diferentes fases de suas obras. O objetivo primeiro deste livro é o de fornecer os elementos fundamentais para que o leitor possa se introduzir nessa tradição intelectual e, assim, estar em condições de se dedicar à leitura e ao estudo daqueles autores de seu interesse.

É possível, entretanto, fornecer algumas indicações de como esse prosseguimento da leitura de autores da Teoria Crítica poderia se dar. Apresento a seguir, de maneira esquemática, em suas grandes linhas, dois modelos de Teoria Crítica: o do livro *Dialética do Esclarecimento*, de Horkheimer e Adorno, e o modelo comunicativo de Jürgen Habermas.

O modelo da *Dialética do Esclarecimento*. Publicado em livro pela primeira vez em 1947, o trabalho a quatro mãos de

Horkheimer e de Adorno foi escrito durante o exílio norte-americano do grupo do Instituto de Pesquisa Social. Trata-se de uma obra de estrutura peculiar, com um ensaio inicial ("O conceito de esclarecimento"), sucedido por dois "excursos", um ensaio sobre a indústria cultural, e uma análise do antissemitismo, encerrando-se com uma série de pequenos textos e fragmentos sobre temas variados.

Nesse livro, Horkheimer e Adorno abandonam o modelo do materialismo interdisciplinar da década de 1930, o que significa, sob muitos aspectos, abandonar também alguns elementos decisivos da Teoria Crítica tal como apresentada em 1937 por Horkheimer. Ainda que a colaboração entre as diferentes especialidades teóricas tenha sido mantida de alguma forma, a economia política deixou de ocupar o centro do arranjo interdisciplinar. Isso se coaduna com o novo diagnóstico que fizeram, segundo o qual o capitalismo tinha se transformado de tal maneira que não mais produzia a possibilidade concreta da realização da igualdade e da liberdade. Desse modo, em "Teoria Tradicional e Teoria Crítica", a possibilidade da prática transformadora encontrava-se bloqueada historicamente pela repressão e pela propaganda nazista, permanecia ainda no horizonte a ideia de que as possibilidades de intervenção transformadora no mundo poderiam se reabrir com a derrota do nazismo. Esse não foi, entretanto, o diagnóstico de Horkheimer e Adorno a partir do início da década de 40. A vitória das tropas Aliadas não significou, para eles, a restauração das possibilidades revolucionárias. Pelo contrário, o diagnóstico do tempo presente que desenvolveram na *Dialética do Esclare-*

cimento foi o de um *bloqueio estrutural* da prática transformadora.

Esse diagnóstico estava calcado em análises econômicas (de Friedrich Pollock mais uma vez, a quem foi dedicado o livro de 1947) que apontavam para uma mudança estrutural do funcionamento do capitalismo, na qual a intervenção do Estado na organização da produção, distribuição e consumo tinha adquirido o caráter de um verdadeiro planejamento. Isso alterou radicalmente os termos em que Marx havia estabelecido suas análises. Essa nova forma do capitalismo foi denominada por Pollock "capitalismo de Estado", sendo que, na *Dialética do esclarecimento*, Horkheimer e Adorno elaboraram uma versão própria dessa conceituação de Pollock, que chamaram de "capitalismo administrado" ou "mundo administrado".

As fases anteriores do capitalismo (a "liberal" ou "concorrencial", e a "monopolista") tinham a característica marcante de apontarem para além de si mesmas, descortinando em si mesmas o campo de ação capaz de abolir o capital e instaurar a sociedade justa. O capitalismo administrado, ao contrário, é um sistema que se fecha sobre si mesmo, que bloqueia estruturalmente qualquer possibilidade de superação virtuosa da injustiça vigente e paralisa, portanto, a ação genuinamente transformadora.

Isso ocorre porque o velho paradigma do capitalismo liberal — o da autorregulação do mercado — não mais se aplica, e o novo mecanismo que o substituiu é ainda mais opaco. O sistema econômico no capitalismo administrado é controlado de fora, politicamente. No entanto, esse controle não é exercido de maneira transparente, mas sim burocraticamente, segundo a racionalidade própria da burocracia que se chama, na linguagem de Horkheimer e Adorno, "instrumental": trata-se de uma racionalidade que pondera, calcula e ajusta os melhores meios a fins dados exteriormente ao agente.

Historicamente, entretanto, o grande projeto de emancipação da razão humana esteve sempre colocado na determinação racional dos *fins*, ou seja, no debate e na efetivação daqueles valores julgados belos, justos e verdadeiros. No capitalismo administrado, a razão se vê reduzida a uma capacidade de adaptação a fins previamente dados de calcular os melhores *meios* para alcançar fins que lhe são estranhos. Essa racionalidade é dominante na sociedade não apenas por moldar a economia, o sistema político ou a burocracia estatal, ela também faz parte da socialização, do processo de aprendizado e da formação da personalidade.

Por isso, Horkheimer e Adorno empreenderam, na *Dialética do Esclarecimento*, uma investigação sobre a *razão* humana de amplo espectro. Seu objetivo foi o de buscar compreender por que a racionalidade das relações sociais humanas, ao invés de levar à instauração de uma sociedade de mulheres e homens livres e iguais, acabou por produzir um sistema social que bloqueou estruturalmente qualquer possibilidade emancipatória e transformou os indivíduos em engrenagens de um mecanismo que não compreendem e não dominam e ao qual se submetem e se adaptam, impotentes. Esse problema mais geral se traduz na tarefa de compreender como a razão humana acabou por restringirse historicamente à sua funçao instrumental, cuja forma social concreta é a do mundo administrado.

Traduzido nos termos do artigo "Teoria Tradicional e Teoria Crítica", seria como dizer que a forma de pensamento ilusória e parcial própria da Teoria Tradicional é não apenas dominante, mas também a *única* forma possível de racionalidade sob o capitalismo administrado. Sendo assim, a racionalidade como um todo reduz-se a uma função de adaptação à realidade, à produção do conformismo diante da dominação vigente. Essa sujeição ao mundo tal qual aparece não é mais, portanto, uma ilusão real que pode ser superada pelo comportamento crítico e pela ação transformadora. Ela é uma sujeição sem alternativa, porque a racionalidade própria da Teoria Crítica não encontra mais ancoramento concreto na realidade social do capitalismo administrado, uma vez que não são mais discerníveis as tendências reais da emancipação. A dominação total e completa da racionalidade instrumental sobre o conjunto da sociedade capitalista resulta então no mencionado bloqueio estrutural da prática.

Mas, se é assim, também o próprio exercício crítico encontra-se em uma *aporia*: se a razão instrumental é a forma *única* de racionalidade no capitalismo administrado, bloqueando qualquer possibilidade real de emancipação, em nome de que é possível criticar a racionalidade instrumental? Horkheimer e Adorno assumem conscientemente essa aporia, dizendo que ela é, no capitalismo administrado, a condição de uma crítica cuja possibilidade se tornou extremamente precária.

O modelo comunicativo de Jürgen Habermas. O ponto de partida da formulação de Habermas da Teoria Crítica será justamente a situação da teoria tal como descrita na *Dialética do Esclarecimento.* Habermas pretende criticar o diagnóstico desse livro de Horkheimer e Adorno e, para isso, retoma, sob muitos aspectos, o modelo crítico presente em "Teoria Tradicional e Teoria Crítica".

Para Habermas, apoiar conscientemente a possibilidade da crítica em uma aporia (como fizeram Horkheimer e Adorno) significa colocar em risco o próprio projeto crítico. Pois tal aporia fragiliza tanto a possibilidade de um comportamento crítico relativamente ao conhecimento quanto a orientação para a emancipação. É evidente, entretanto, que Horkheimer e Adorno chegaram a tal posição teórica levados pela exigência mesma da Teoria Crítica de analisar o momento histórico sem retoques nem concessões, ou seja, pela exigência de produzir um diagnóstico do momento presente capaz de apresentar com rigor as tendências estruturais do capitalismo administrado.

Sendo assim, de modo a se contrapor a essa posição aporética de Horkheimer e Adorno, Habermas propôs um diagnóstico do momento presente divergente daquele apresentado na *Dialética do Esclarecimento.* Nem por isso, entretanto, deixam de existir algumas convergências importantes entre os dois diagnósticos. Partindo da constatação de que o capitalismo passou a ser regulado pelo Estado, Habermas concluiu que as duas tendências fundamentais para a emancipação presentes na teoria marxista — a do colapso interno, em razão da queda tendencial da taxa de lucro, e aquela da organização do proletariado contra a dominação do capital — tinham sido neutralizadas.

Em boa medida, esses elementos estão presentes também no diagnóstico formulado por Horkheimer e Adorno em seu livro. A diferença está, entretanto, em que Habermas não conclui daí que as oportunidades para a emancipação tenham sido estruturalmente bloqueadas, mas sim que é necessário repensar o próprio sentido de emancipação da sociedade tal como originalmente formulado por Marx e também por Horkheimer em "Teoria Tradicional e Teoria Crítica".

Nesse sentido trata-se, para Habermas, de constatar que, para enfrentar as tarefas clássicas da própria Teoria Crítica, é preciso hoje ampliar seus temas e encontrar um novo paradigma explicativo. Pois, se os parâmetros originais da Teoria Crítica levaram a que, na *Dialética do Esclarecimento*, fosse posta em risco a própria possibilidade da crítica e da emancipação, são esses parâmetros mesmos que têm de ser revistos, sob pena de se perder exatamente o essencial dessa tradição de pensamento. Para Habermas, portanto, são as próprias formulações originais de Marx que têm de ser abandonadas. Isso não porque Habermas pretenda abrir mão da crítica, mas porque, para ele, os conceitos originais da Teoria Crítica não são mais suficientemente críticos frente à realidade atual.

A *Dialética do Esclarecimento* tinha por objeto principal de investigação a razão humana e as formas sociais da racionalidade, concluindo dessa investigação que a razão instrumental consistia na forma estruturante e única da racionalidade social no capitalismo administrado. Isso resultava em uma situação aporética do comportamento crítico e em um bloqueio estrutural da prática transformadora. Sendo assim, para se contrapor a esse diagnóstico de Horkheimer e Adorno, Habermas formulou um novo conceito de *racionalidade*.

Para ele, a racionalidade instrumental identificada por Horkheimer e Adorno como a única dominante e, por isso, objeto por excelência da crítica não deve ser demonizada, mas é preciso, diferentemente, impor-lhe freios. Para tanto, Habermas irá formular uma teoria da racionalidade de dupla face, em que a instrumental convive com um outro tipo de racionalidade que ele denomina "comunicativa". Essa teoria é formulada em termos de uma teoria da ação, que Habermas apresentou de maneira mais detalhada em seu livro *Theorie des Kommunikativen Handelns* (Teoria da ação comunicativa, sem tradução para o português), de 1981. (Uma primeira formulação das teses que viriam a ser defendidas nesse livro encontra-se no artigo "Técnica e ciência como 'ideologia'", de 1968.)

Assim, ao contrário de Horkheimer e Adorno, que apresentam uma teoria do desenvolvimento da racionalidade humana que culmina em um prevalecimento da razão instrumental como forma única da racionalidade, Habermas pretende mostrar que a evolução histórico-social das formas de racionalidade leva a uma progressiva diferenciação da razão humana em dois tipos de racionalidade — a *instrumental* e a *comunicativa*.

A ação instrumental é aquela orientada para o *êxito*, em que o agente calcula os melhores meios para atingir fins determinados previamente. Esse tipo de ação é aquele que caracteriza para Habermas o trabalho — aquelas ações dirigidas à dominação da natureza e à organização da sociedade que visam à produção das condições materiais da vida e que permitem a coordenação das ações, isto é, possibilitam a reprodução *material* da sociedade.

Em contraste com esse tipo de racionalidade, surge aquela própria da ação de tipo comunicativo, quer dizer, orientada para o *entendimento* e não para a manipulação de objetos e pessoas no mundo em vista da reprodução material da vida (como é o caso da racionalidade instrumental). A ação orientada para o entendimento é aquela que permite, por sua vez, a reprodução *simbólica* da sociedade.

Segundo Habermas, a forma social própria do capitalismo contemporâneo é aquela em que a orientação da ação para o entendimento encontra-se presente no próprio processo de formação da identidade de cada indivíduo, nas próprias instituições em que ele é socializado e nos processos de aprendizado e de constituição da personalidade. A racionalidade comunicativa encontra-se assim, para Habermas, efetivamente inscrita na realidade das relações sociais contemporâneas.

Sendo um tipo de orientação da ação efetivamente presente na realidade das relações sociais, a orientação para o entendimento só é possível, entretanto, porque projeta *condições ideais* em que não haveria qualquer obstáculo à plena comunicação entre os interlocutores. Nesse sentido, diz Habermas, tais condições *ideais* são, por paradoxal que possa parecer, condições de comunicações *reais* no mundo. Para eles, se não fosse assim, não seria sequer possível falar em uma ação orientada para o entendimento, em uma ação comunicativa.

A ação comunicativa se caracteriza por pressupor a cada vez uma série de condições como: que não haja assimetrias de poder, dinheiro ou posição social entre os sujeitos que pretendem se entender, que os sujeitos só se deixem convencer pelo melhor argumento; ou que não haja distúrbios psicológicos que atrapalhem a comunicação. Salta aos olhos, entretanto, que condições como essas *jamais se cumprem* no mundo real das relações sociais, em que as assimetrias e dissimetrias entre os sujeitos são a regra e não a exceção. Mas esse é justamente o argumento de Habermas: ao orientar sua ação para o entendimento, os sujeitos *antecipam necessariamente* tais condições ideais, pois sem elas não seria possível uma ação comunicativa; simultaneamente, entretanto, tais condições necessárias não são cumpridas, o que permite, por sua vez, que sejam detectadas todas as *distorções* da comunicação — aqueles *obstáculos* que impedem a cada vez a plena realização de uma ação comunicativa.

Para que a comunicação possa se dar, essas condições ideais têm de ser antecipadas em situações reais de ação, o que significa que essa antecipação encontra-se inscrita na vida social concreta. Com isso, Habermas pode simultaneamente fornecer uma solução para o ancoramento real da *emancipação* na configuração social atual e estabelecer um parâmetro crítico para avaliar tanto o conhecimento produzido quanto situações sociais concretas, já que o *potencial comunicativo* inscrito na vida social jamais se realiza plenamente.

Com Habermas, surge a ideia de uma racionalidade dúplice, em que a racionalidade instrumental e a comunicativa se mostram ambas não apenas *necessárias* à produção e reprodução da vida em sociedade, como também *complementares*. Fundamental para Habermas é que cada uma dessas racionalidades não extrapole seus domínios próprios. Quando isso acontece, temos o que ele denomina patologia social. Também aqui, a teoria *comporta-se criticamente* em relação à realidade social, na medida em que é capaz de detectar essas patologias e dispõe de parâmetros críticos para apontar a ação concreta a ser empreendida para eliminá-las.

É grande a distância, entretanto, a separar essas formulações de Habermas da enunciação original dos princípios fundamentais da Teoria Crítica tal como realizada por Marx. Entre outras, uma das consequências mais imediatas dessa reformulação dos parâmetros críticos por Habermas é a de que "emancipação" deixa de ser sinônimo de "revolução", de abolição das relações sociais capitalistas pela ação consciente do proletariado como classe. O que terá como contrapartida, por exemplo, uma valorização dos potenciais emancipatórios presentes nos mecanismos de participação próprios do Estado democrático de direito, que é o principal objeto de investigação dos trabalhos de Habermas a partir da década de 1990.

Breve nota final

Este volume de introdução terá sido já bem-sucedido se tiver sido capaz de estimular a leitura dos vários autores aqui mencionados. Nesse sentido, terá atingido seu objetivo se essa nota final significar um começo: o da tentativa de decifrar nos vários autores da Teoria Crítica os modelos que propõem. Dessa perspectiva, a ideia de uma escola (como a Escola de Frankfurt) parece redutora diante de uma experiência muito mais interessante e rica, que é a da *pluralidade* de modelos no campo da Teoria Crítica, tanto em seu sentido amplo como no sentido restrito daqueles que têm por referência as formulações de Horkheimer em seus escritos da década de 1930.

Mas esta nota final é também um começo no sentido de que a tradição intelectual da Teoria Crítica não se contenta em analisar contribuições de seu próprio campo à maneira de uma classificação de fósseis. Cada exame de cada modelo crítico vem carregado também de novos problemas e perguntas, exatamente no espírito de permanente renovação e atualização que caracteriza essa teoria:

Será que os princípios fundamentais da Teoria Crítica tais como formulados originalmente por Marx são, ainda hoje, suficientes para demarcar o campo crítico? Se ainda o são, será que o sentido da orientação para a emancipação e do comportamento crítico diante do conhecimento e da realidade social deve permanecer o mesmo, ou devemos atribuir novos sentidos a esses princípios? Nesse caso, qual seria o seu novo conteúdo e que campo teórico ele demarcaria? Se a posição no interior do campo for a da Teoria Crítica em sentido restrito, será que a conceituação elaborada por Horkheimer na década de 1930 ainda deve permanecer a referência central?

Tentar responder a essas perguntas e problemas é levar a Teoria Crítica adiante, e não simplesmente encontrar para ela um lugar anódino no arquivo morto da história do pensamento.

Seleção de textos

Para os sujeitos do comportamento crítico, o caráter discrepante cindido do todo social, em sua figura atual, passa a ser contradição consciente. Ao reconhecer o modo de economia vigente e o todo cultural nele baseado como produto do trabalho humano, e como a organização de que a humanidade foi capaz e que impôs a si mesma na época atual, aqueles sujeitos se identificam, eles mesmos, com esse todo e o compreendem como vontade e razão: ele é o seu próprio mundo. Por outro lado, descobrem que a sociedade é comparável com processos naturais extra-humanos, meros mecanismos, porque as formas culturais baseadas em luta e opressão não é a prova de uma vontade autoconsciente e unitária. Em outras palavras: este mundo não é o deles, mas sim o mundo do capital. Aliás a história não pôde até agora ser compreendida a rigor, pois compreensíveis são apenas os indivíduos e grupos isolados, e mesmo esta compreensão não se dá de uma forma exaustiva, uma vez que eles, por força da dependência interna de uma sociedade desumana, são ainda funções meramente mecânicas, inclusive na ação consciente. Aquela identificação é portanto contraditória, pois encerra em si uma contradição que caracteriza todos os conceitos da maneira de pensar crítica. Assim as categorias econômicas tais como trabalho, valor e produtividade são para ela exatamente o que são nesta ordem [social], e qualquer outra interpretação não passa de mau idealismo. Por outro lado, aceitar isso simplesmente aparece como uma inverdade torpe: o reconhecimento crítico das categorias dominantes na vida social contém ao mesmo tempo a sua condenação. O caráter dialético desta autoconcepção do homem contemporâneo condiciona em última instância também a obscuridade da crítica kantiana da razão. A razão não pode tornar-se, ela mesma, transparente enquanto os homens agem como membros de um organismo irracional. Como uma unidade naturalmente crescente e decadente, o organismo não é para a sociedade uma espécie de modelo, mas sim uma forma apática do ser, da qual tem que se emancipar. Um comportamento que esteja orientado para essa emancipação, que tenha por meta a transformação do todo, pode servir-se sem dúvida do trabalho teórico, tal como ocorre dentro da ordem desta realidade existente. Contudo ele dispensa o caráter pragmático que advém do pensamento tradicional como um trabalho profissional socialmente útil.

Max Horkheimer,
"Teoria Tradicional e Teoria Crítica"

Contradições

Uma moral como sistema, com princípios e conclusões, uma lógica férrea e a possibilidade de uma aplicação segura a todo dilema moral — eis aí o que se pede aos filósofos. Em geral, eles responderam a essa expectativa. Mesmo quando não estabeleceram nenhum sistema prático ou uma casuística elaborada, eles conseguiram deduzir do sistema teórico a obediência à autoridade. Na maioria das vezes, voltaram a fundamentar, valendo-se dos recursos da lógica, da intuição e da evidência, toda a escala dos valores tal como já a sancionara a prática pública. "Honrai os deuses com a religião legada por vossos ancestrais", diz Epicuro* e o próprio Hegel secundou-o. Quem hesita a se pronunciar nesse sentido será solicitado ainda mais energicamente a fornecer um princípio universal. Se o pensamento não se limita a ratificar os preceitos vigentes, ele deverá se apresentar de maneira ainda mais segura de si, mais universal, mais autoritária, do que quando se limita a justificar o que já está em vigor. Será que você considera injusto o poder dominante? Quem sabe você quer que impere o caos e não o poder? Você está criticando a uniformização da vida e o progresso? Será que, à noite, a gente deve voltar a acender velas de cera? Será que o fedor do lixo deve voltar a empestear nossas cidades, como na Idade Média? Você não gosta dos matadouros, será que a sociedade deve passar a comer legumes crus? Por mais absurdo que seja, a resposta positiva a essas questões encontra ouvidos. O anarquismo político, a reação cultural baseada no artesanato, o vegetarianismo radical, as seitas e partidos excêntricos têm o chamado apelo publicitário. A doutrina só precisa ser geral, segura de si, universal e imperativa. O que é intolerável é a tentativa de escapar à disjuntiva "ou isso — ou aquilo", a desconfiança do princípio abstrato, a firmeza sem doutrina.

---

* Wilhelm Nestle (org.), *Die Nachsokratiker.* Iena, 1923. Vol. I, 72a, p.195.

Dois jovens conversam:

A — Você não quer ser médico?

B — Por causa da profissão, os médicos estão sempre lidando com os moribundos, e isso endurece as pessoas. Depois, com a institucionalização crescente, os médicos passam a representar em face do doente a empresa com sua hierarquia. Muitas vezes, ele se vê tentado a se apresentar como o administrador da morte. Ele se torna o agente da grande empresa em face dos consumidores. Quando se trata de automóveis, isso não é tão grave assim, mas quando os bens administrados são a vida e os consumidores são pessoas que sofrem, trata-se de uma situação em que não gostaria de me encontrar. A profissão do médico de família talvez fosse mais inofensiva, mas ela está em decadência.

A — Você acha que não deveria mais haver médicos e que deveríamos voltar aos charlatães?

B — Não disse isso. Só tenho horror de me tornar médico, e sobretudo um desses diretores-médicos com poder de comando sobre um hospital público. Apesar disso, acho que é melhor, naturalmente, que haja médicos e hospitais do que deixar os doentes morrer. Também não quero ser nenhum promotor público, mas acho que dar liberdade aos assaltantes seria um mal muito maior do que a existência dessa corporação que os põe na cadeia. A justiça é racional. Não sou contra a razão, só quero enxergar a forma que ela assumiu.

A — Você está se contradizendo. Você se aproveita o tempo todo dos serviços dos médicos e dos juízes. Você é tão culpado quanto eles próprios. Só que você não quer se dar ao trabalho de fazer o que os outros fazem por você. Sua própria existência pressupõe o princípio a que você gostaria de escapar.

B — Não nego isso, mas a contradição é necessária. Ela é uma resposta à contradição objetiva da sociedade. Quando a divisão do trabalho é tão diferenciada como hoje em dia, é possível que em dado lugar se manifeste um horror responsável pela culpabilidade de todos. Se esse horror se difundir, se pelo menos uma pequena parte da humanidade se tornar consciente dele, talvez os manicômios e as penitenciárias se tornem mais humanos e os tribunais acabem se tornando supérfluos. Mas não é absolutamente por isso que eu quero ser escritor. Eu só queria ver com maior clareza a situação terrível em que tudo se encontra hoje em dia.

A — Mas se todos pensassem como você, e ninguém quisesse sujar as mãos, então não haveria nem médicos nem juízes, e o mundo pareceria ainda mais horrível.

B — Mas é justamente isso que me parece questionável, pois, se todos pensassem como eu, espero, não apenas os remédios contra o mal iam diminuir, mas o próprio mal. A humanidade ainda tem outras possibilidades. Eu não sou a humanidade inteira e não posso simplesmente tomar o seu lugar em meus pensamentos. O preceito moral que diz que cada uma de minhas ações deveria poder ser tomada como uma máxima universal é muito problemático. Ele ignora a história. Por que minha aversão a ser médico deveria equivaler à opinião de que não deve haver médicos? Na verdade, há tantas pessoas aí que podem ser bons médicos e têm mais de uma chance de vir a ser médicos. Se eles se comportarem moralmente dentro dos limites traçados atualmente para sua profissão, terão minha admiração. Talvez cheguem mesmo a minorar o mal que descrevi para você; talvez, ao contrário, agravem-no ainda mais, apesar de toda a sua competência técnica e toda a sua moralidade. Minha vida, tal como a imagino, meu horror e minha vontade de conhecer parecem-me tão justificados como a própria profissão de médico, mesmo que eu não possa ajudar diretamente a ninguém.

A — Mas se você soubesse que você poderia, se estudasse para médico, vir a salvar a vida de uma pessoa amada, vida que ela perderia com toda a certeza, não fosse por você, você não se dedicaria imediatamente ao estudo da medicina?

B — Provavelmente, mas você mesmo está vendo que, com seu gosto por uma coerência inexorável, você acaba tendo de recorrer a um exemplo absurdo, enquanto eu, com minha teimosia sem nenhum sentido prático e com minhas contradições, não me afastei do bom-senso.

Esse diálogo se repete sempre que uma pessoa não quer abrir mão do pensamento em benefício da prática. Ela vai sempre encontrar a lógica e a coerência no lado contrário. Quem for contra a vivissecção não deve mais fazer nenhum movimento respiratório, porque isto pode custar a vida a um bacilo. A lógica está a serviço do progresso e da reação, ou, em todo caso, da realidade. Mas, na época de uma educação radicalmente realista, os diálogos tornaram-se mais raros, e o interlocutor neurótico B precisa de uma força sobre-humana para não ficar são.

Max Horkheimer e Theodor Adorno,
Dialética do Esclarecimento

Até a metade do século XIX, o modo de produção capitalista se impôs a tal ponto, na Inglaterra e na França, que Marx pôde reconhecer o quadro institucional da sociedade nas relações de produção e, ao mesmo tempo, criticar o fundamento de legitimação da troca dos equivalentes. Ele elaborou a crítica da ideologia burguesa em forma de *economia política:* sua teoria do valor do trabalho destruiu a aparência de liberdade, na qual a relação de violência social, subjacente à relação do trabalho assalariado, tornara-se irreconhecível pela instituição jurídica do livre contrato de trabalho. Ora, o que Marcuse critica em Max Weber é o fato de que, sem ter levado em conta a visão penetrante de Marx, ele se fixa a um conceito abstrato de racionalização que não enuncia o conteúdo de adaptação do quadro institucional específico a cada classe, adaptação aos subsistemas progressivos do agir racional-com-respeito-a-fins, mas que mais uma vez os esconde. Marcuse sabe muito bem que a análise marxista não pode mais ser aplicada sem restrições às sociedades do capitalismo em fase tardia que Max Weber já tem em vista. Mas ele queria mostrar, tomando Max Weber como exemplo, que o desenvolvimento da sociedade moderna no quadro de um capitalismo regulado pelo Estado escapa aos conceitos, se o capitalismo liberal não for previamente conceitualizado.

Desde a última quarta parte do século XIX nos países capitalistas mais avançados, duas *tendências* de *desenvolvimento* podem ser notadas: (1) um acréscimo da atividade intervencionista do Estado, que deve garantir a estabilidade do sistema, e (2) uma crescente interdependência entre a pesquisa e a técnica, que transformou a ciência na principal força produtiva. Ambas as tendências perturbam aquela constelação do quadro institucional e dos subsistemas do agir racional-com-respeito-a-fins, pela qual se caracterizava o capitalismo desenvolvido dentro do liberalismo. Com isso, caem por terra relevantes condições de aplicação da economia política, na formulação que, tendo em vista o capitalismo liberal, Marx lhe deu a justo título. Creio que a chave para a análise da constelação modificada se encontra na tese básica de Marcuse, segundo a qual técnica e ciência hoje assumem também o papel de legitimar a dominação.

A regulação a longo prazo do processo econômico pela intervenção do Estado originou-se da defesa contra as disfunções que ameaçavam o sistema de um capitalismo abandonado a si mesmo, cujo desenvolvimento efetivo contrariava tão obviamente a sua própria ideia de uma sociedade burguesa que se emancipasse da dominação e neutralizasse o poder. A ideologia básica da troca justa, que Marx conseguiu desmascarar teoricamente, fracassou na prática. A forma de valorização do capital na economia privada só podia ser mantida pelos corretivos estatais de uma *política* socioeconômica que estabilizava a circulação. O quadro institucional da sociedade foi repolitizado. Ele hoje não mais coincide imediatamente com as relações de produção, ou seja, com uma ordem de direito privado que garanta a circulação da economia capitalista, e com as correspondentes garantias gerais de ordem do Estado burguês. Com isso, alterou-se a relação entre o sistema econômico e o sistema de dominação: política não é mais *apenas* um fenômeno de superestrutura. Se a sociedade não continua mais a se autorregular "de maneira autônoma" como uma esfera subjacente ao Estado e por ele pressuposta — e essa era a verdadeira novidade do modo capitalista de produção —, a sociedade e o Estado não estão mais numa relação que a teoria marxista determinou como relação entre a base e a superestrutura. Mas, então, uma teoria crítica da sociedade também não pode mais ser formulada exclusivamente em termos de uma crítica da economia política. Um modo de teorização que isole metodicamente as leis econômicas de movimento da sociedade só pode ter a pretensão de compreender a contextura da vida da sociedade nas suas categorias essenciais, enquanto a política for dependente da base econômica e essa última, inversamente, não tiver que ser compreendida também como uma função da atividade do Estado e dos conflitos que se resolvem politicamente. Segundo Marx, *a crítica da economia política* só se constituía em teoria da sociedade burguesa enquanto era uma *crítica da ideologia.* Mas, se a ideologia da troca justa desmorona, o sistema de dominação também não pode mais ser criticado *imediatamente* a partir das relações de produção.

Depois do desmoronamento dessa ideologia, a dominação política requer uma nova legitimação. Ora, como o poder exercido indiretamente sobre o processo de troca é por sua vez controlado pela dominação organizada pré-estatalmente e institucionalizada ao modo de um Estado, a legitimação não pode mais ser derivada de uma ordem não política, das relações de produção. Nessa medida, renova-se a pressão, existente nas sociedades pré-capitalistas, no sentido da legitimação direta. Por outro lado, o restabelecimento da dominação política imediata (numa forma tradicional da legitimação baseada sobre a tradição cultural) tornou-se impossível. Por um lado, as tradições já estão de qualquer maneira enfraquecidas; por outro, nas sociedades industrialmente desenvolvidas, os resultados da emancipação burguesa com respeito à dominação política imediata (os direitos fundamentais e o mecanismo das eleições gerais) só podem ser plenamente ignorados nos períodos de ação. A dominação formalmente democrática nos sistemas do capitalismo regulado pelo Estado está sujeita a uma exigência de legitimação que não pode mais ser satisfeita pelas retomadas da forma de legitimação pré-burguesa. Por isso surge, no lugar da ideologia da troca livre, um *programa de substitutivos,* que não é mais orientado pelas consequências sociais da instituição do mercado, mas pelas consequências sociais de uma atividade de Estado que compensa as disfunções da troca livre. Ela conjuga o momento da ideologia burguesa do rendimento (que desloca, entretanto, do mercado para o sistema escolar, a atribuição de *status* conforme a medida do rendimento individual) com a garantia do mínimo de bem-estar social, a perspectiva de segurança do lugar de trabalho, bem como a estabilidade dos vencimentos. Esse programa de substitutivos obriga o sistema de dominação a preservar as condições de estabilidade de um sistema global que garanta a segurança social e as chances de ascensão pessoal, e a prevenir os riscos do crescimento. Isso exige um espaço de manipulação para as intervenções do Estado que, ao preço de uma restrição das instituições de direito privado, assegurara a forma privada da valorização do capital *e vinculam a fidelidade das massas a essa forma.*

Na medida em que a atividade do Estado é dirigida para a estabilidade e o crescimento do sistema econômico, a política assume um *caráter negativo* peculiar: ela visa a eliminar as disfunções e evitar os riscos que ameacem o sistema, portanto, não para a *realização de objetivos práticos* mas para a *solução de questões técnicas.* Isso foi mostrado claramente por Claus Offe, na sua contribuição para o Dia dos Sociólogos de Frankfurt (*Frankfurter Soziologentag*) deste ano: Nessa estrutura da relação entre a economia e o Estado, a 'política' degenera num agir que segue numerosos e sempre novos 'imperativos que dizem respeito ao que deve ser evitado', ao mesmo tempo que a quantidade de informações sociológicas diferenciadas, injetadas no sistema social, possibilita o rápido reconhecimento das zonas de risco, bem como o tratamento das ameaças efetivas. O que é novo nessa estrutura é ... o fato de que os riscos da estabilidade incorporados no mecanismo de valorização do capital nos mercados altamente organizados da economia privada, riscos que, todavia, são manipuláveis, prescrevem aquelas ações e medidas preventivas que *devem* ser aceitas na medida em que se quer que elas sejam harmonizadas com a oferta de legitimação existente (com programa de substitutivos)".*

---

* Claus Offe, "Zur Klassentheorie und Herrschaftsstruktur im staatlich regulierten Kapitalismus" (manuscrito).

Offe vê muito bem que a atividade do Estado é restringida por essas orientações de ação preventiva a tarefas técnicas administrativamente solúveis, de modo que as questões práticas são deixadas de lado. *Os conteúdos práticos são eliminados.*

A política de estilo antigo, já pela própria forma de legitimar a dominação, era levada a se determinar em relação aos fins práticos: as interpretações do "bem-viver" eram dirigidas para as contexturas de interação. Isso vale também para a ideologia da sociedade burguesa. Por outro lado, o programa de substitutivos hoje dominante é voltado tão somente para o funcionamento de um sistema dirigido. Ele exclui as questões práticas e, com isso, a discussão sobre aceitação de padrões que só seriam acessíveis a uma formação democrática da vontade. A solução de tarefas técnicas não depende de discussão pública. Discussões públicas poderiam, antes, problematizar as condições de contorno do sistema, dentro das quais as tarefas da atividade do Estado se apresentam como técnicas. A nova política de intervencionismo do Estado exige, por isso, uma despolitização da massa da população. Na medida em que as questões políticas são excluídas, a opinião pública política perde a sua função. Por outro lado, o quadro institucional da sociedade continua ainda a ser distinto do agir racional-com-respeito-a-afins. Tal como antes, sua organização é uma questão da *práxis* ligada à comunicação e não apenas da *técnica*, como quer que ela seja dirigida cientificamente. Portanto, a tendência de pôr a *práxis* entre parênteses, ligada à nova forma de dominação política, não se compreende por si só. O programa de substitutivos que legitima a dominação deixa sem legitimação um ponto importante: como fazer com que a despolitização das massas se torne plausível para elas próprias? Marcuse poderia responder a isso: fazendo com que técnica e ciência assumam *também* o papel de uma ideologia.

Jürgen Habermas, "Técnica e ciência enquanto 'ideologia'", seção V.

Referências e fontes

Os textos apresentados na seção anterior foram retirados das seguintes obras:

Adorno, Theodor W. e Horkheimer, Max, *A Dialética do Esclarecimento*, trad. Guido de Almeida, Rio de Janeiro, Zahar, 1985, p.221-4.

Benjamin, Walter et al., *Textos escolhidos*, trad. José Lino Grünnewald et al., Coleção Os Pensadores, São Paulo, Abril Cultural, 1983, p.138-9 e 317-20.

Leituras recomendadas

1. Indicações de leitura de alguns autores da Teoria Crítica

A sequência abaixo pode ser tomada como um roteiro de leitura. Para além dos trechos reproduzidos anteriormente, parece interessante recomendar não apenas a leitura na íntegra dos textos mencionados, mas também algumas outras leituras que poderão permitir um acesso a esse universo teórico, ainda que alguns desses textos e autores não tenham sido diretamente analisados neste livro. Apesar do alto grau de dificuldade dos textos listados abaixo, é possível tomar essa sequência como uma sugestão de roteiro de leitura.

Max Horkheimer, "Teoria Tradicional e Teoria Crítica", in: coleção Os Pensadores, São Paulo, Abril Cultural, várias edições.

Max Horkheimer e Theodor W. Adorno — *A Dialética do Esclarecimento*, Rio de Janeiro, Zahar, 1985.

Theodor W. Adorno, "Capitalismo tardio ou sociedade industrial?", in: *Adorno*, coleção Grandes Cientistas Sociais, São Paulo, Ática, 1986.

Herbert Marcuse, *A ideologia da sociedade industrial*, Rio de Janeiro, Zahar, 1968.

Jürgen Habermas, "Técnica e ciência enquanto 'ideologia'", in: coleção Os Pensadores, São Paulo, Abril Cultural, várias edições.

2. Sobre a Teoria Crítica

Dispomos hoje de uma boa quantidade de traduções de autores vinculados à Teoria Crítica, bem como de estudos e monografias dedicados a eles. Vários contêm partes dedicadas a considerações gerais sobre essa teoria. Na lista a seguir, concentrei-me apenas naqueles mais relevantes dedicados integralmente a considerações sobre a Teoria Crítica em seu conjunto.

• Rolf Wiggershaus, *A Escola de Frankfurt. História, desenvolvimento teórico, significação política*, Rio de Janeiro: Difel, 2002.

Publicado originalmente em 1987, o volume procura apresentar "história, desenvolvimento teórico, significação política" de um grande número de pensadores vinculados à Teoria Crítica, desde os primórdios, na década de 1920, até a década de 1980 — o que faz desse livro a mais importante fonte de consulta sobre a Teoria Crítica de que dispomos em português. A perspectiva da obra converge no mais das vezes para o papel desempenhado por Max Horkheimer e, do ponto de vista teórico, para o livro *Dialética do Esclarecimento*, de Horkheimer e Adorno. A lamentar apenas o fato de a tradução brasileira ter sido feita da tradução francesa do livro, e não do original alemão, o que produziu uma grande quantidade de erros.

• Martin Jay, *La imaginación dialéctica*, Madri, Taurus, 1974.

Estudo pioneiro, publicado originalmente em 1973, que permanece até hoje, juntamente com o livro de Wiggershaus, como referência fundamental para o estudo da Teoria Crítica no período de 1923 a 1950. A perspectiva teórica de Martin Jay, ancorada no desenvolvimento histórico do Instituto de Pesquisa Social e não no desenvolvimento teórico-biográfico dos diversos autores, tornou-se um padrão importante para todas as investigações posteriores. Esse ancoramento institucional do estudo de Jay permite-lhe tratar os temas e autores de maneira relativamente unitária sem, com isso, sacrificar a pluralidade característica do campo da Teoria Crítica.

• Paul-Laurent Assoun, *A Escola de Frankfurt*, São Paulo, Ática, 1991.

O livro foi publicado originalmente na coleção Francesa "Que sais-je?" — uma série dedicada a volumes de introdução aos mais variados temas e assuntos. Apesar disso, não se trata de um livro fácil. O autor defende a ideia de uma unidade de pensamento que justificaria a etiqueta Escola de Frankfurt e tenta buscá-la nos princípios da Teoria Crítica, principalmente na rejeição da teoria da identidade, em especial da unidade de sujeito e objeto tal como formulada por Hegel. A partir daí, desenvolve os temas da relação com o marxismo e com a psicanálise, da crítica à opressão, da filosofia da história e da crítica da cultura e da arte.

• Bárbara Freitag, *Teoria Crítica ontem e hoje*, São Paulo, Brasiliense, 1986.

Provavelmente o livro mais influente sobre a Teoria Crítica já publicado no Brasil. Trata-se de um volume introdutório que contém um breve histórico da Escola de Frankfurt e descreve a gênese e o desenvolvimento de alguns de seus temas em vários autores. Os panoramas de recepção e bibliográfico estão hoje desatualizados, mas continuam a servir como referência fundamental para quem se inicia no tema. O viés de interpretação claramente calcado na perspectiva de Jürgen Habermas não deve obscurecer o fato de se tratar de um volume útil e interessante.

• Sérgio Paulo Rouanet, *Psicanálise e Teoria Crítica*, Rio de Janeiro, Tempo Brasileiro, 1984.

Trata-se de estudo único, e não apenas no panorama brasileiro. A apresentação de Rouanet da presença e da importância da psicanálise no desenvolvimento da Teoria Crítica e na obra de alguns de seus pensadores em particular é meticulosa, competente e extremamente interessante.

Sobre o autor

Marcos Nobre é professor do Departamento de Filosofia da Unicamp e pesquisador do Cebrap. Dentre outros livros, é autor de *Lukács e os limites da reificação: um estudo sobre História e consciência de classe* (São Paulo, Editora 34, 2001) e de *A dialética negativa de Theodor W. Adorno: a ontologia do estado falso* (São Paulo, Iluminuras/Fapesp, 1998), e co-autor do volume de entrevistas *Conversas com filósofos brasileiros* (São Paulo, Editora 34, 2000). É também organizador de *Curso livre de teoria crítica* (Campinas, Papirus, 2008).

Agradecimentos

Pelas críticas e sugestões, agradeço aos integrantes do Núcleo Direito e Democracia do Cebrap, em particular a Ricardo Terra, Rafael Oliva Augusto, Luiz Repa, Daniel Tourinho Peres, José Rodrigo Rodriguez, Carlos Eduardo Batalha e Maurício Keinert. Agradeço também a Vinicius Torres Freire pela leitura. Um agradecimento muito especial dirijo a Maria Luiza Levi, que, com carinho e paciência, apontou erros e passagens obscuras a serem corrigidas nas sucessivas versões do texto. E, se a todos eximo das imperfeições que permanecem, agradeço uma vez mais a Malu pelo empenho em me ensinar a aceitá-las com tenaz inconformismo.

Coleção **PASSO-A-PASSO**

Volumes recentes:

CIÊNCIAS SOCIAIS PASSO-A-PASSO

O negócio do social [40], Joana Angélica Barbosa Garcia

Origens da linguagem [41], Bruna Franchetto e Yonne Leite

Antropologia da criança [57], Clarice Cohn

Patrimônio histórico e cultural [66], Pedro Paulo Funari e Sandra de Cássia Araújo Pelegrini

Antropologia e imagem [68], Andréa Barbosa e Edgar T. da Cunha

Antropologia da política [79], Karina Kuschnir

Sociabilidade urbana [80], Heitor Frúgoli Jr.

Pesquisando em arquivos [82], Celso Castro

Cinema, televisão e história [86], Mônica Almeida Kornis

FILOSOFIA PASSO-A-PASSO

Estética [63], Kathrin H. Rosenfield

Filosofia da natureza [67], Márcia Gonçalves

Hume [69], Leonardo S. Porto

Hannah Arendt [73], Adriano Correia

Schelling [74], Leonardo Alves Vieira

Niilismo [77], Rossano Pecoraro

Kierkegaard [78], Jorge Miranda de Almeida e Alvaro L.M. Valls

Filosofia da biologia [81], Karla Chediak

Ontologia [83], Susana de Castro

John Stuart Mill & a liberdade [84], Mauro Cardoso Simões

Filosofia da história [88], Rossano Pecoraro

Teoria do conhecimento [91], Alberto Oliva

PSICANÁLISE PASSO-A-PASSO

Psicanálise com crianças [75], Teresinha Costa

Feminino/masculino [76], Maria Cristina Poli

Cinema, imagem e psicanálise [85], Tania Rivera

Trauma [87], Ana Maria Rudge

Édipo [89], Teresinha Costa

A psicose [90], Andréa M.C. Guerra

A angústia [92], Sonia Leite

Educação e psicanálise [93], Rinaldo Voltolini

Os outros em Lacan [94], Antonio Quinet

A paixão [95], Marcus André Vieira

Histeria: o caso Dora [96], Nadiá Paulo Ferreira e Marcus Alexandre Motta